大脑训练之道

Brent / 编著

北京大学出版社
PEKING UNIVERSITY PRESS

内 容 提 要

这是一本关于大脑训练的书，通过一些平时看似不起眼的小技巧、小练习，轻松锻炼大脑的各种功能，让大脑保持最佳状态，从而更好地投入学习和工作之中。与此同时，介绍各种实用性强的学习方法、策略，帮助读者开拓大脑思维。

本书以大脑的八大功能作为主线，分别介绍大脑思考功能区、大脑记忆功能区、大脑情感功能区、大脑传达功能区、大脑理解功能区、大脑运动功能区、大脑听觉功能区、大脑视觉功能区的一些简单实用的训练方法。

本书受众广泛，适合青少年与职场人士，通过脑力练习，让大脑始终保持在最佳状态。

图书在版编目(CIP)数据

大脑训练之道 / Brent编著.—北京：北京大学出版社，2019.1
ISBN 978-7-301-29901-2

Ⅰ.①大… Ⅱ.①B… Ⅲ.①思维训练 Ⅳ.①B80

中国版本图书馆CIP数据核字(2018)第213618号

书　　名　大脑训练之道
DANAO XUNLIAN ZHI DAO
著作责任者　Brent　编著
责 任 编 辑　吴晓月
标 准 书 号　ISBN 978-7-301-29901-2
出 版 发 行　北京大学出版社
地　　址　北京市海淀区成府路205 号　100871
网　　址　http://www.pup.cn　新浪微博：@ 北京大学出版社
电 子 信 箱　pup7@ pup.cn
电　　话　邮购部 010-62752015　发行部 010-62750672　编辑部 010-62570390
印 刷 者　三河市博文印刷有限公司
经 销 者　新华书店
880毫米×1230毫米　32开本　6.75印张　145千字
2019年1月第1版　2019年1月第1次印刷
印　　数　1—4000册
定　　价　32.00 元

要么使用它，要么失去它

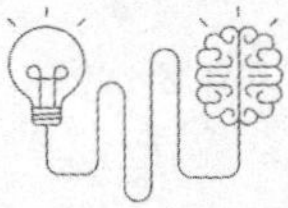

如果将大脑比作类似瑞士钟表一样精密的仪器，也许更容易让人理解。试想一下，手表如果放置半年不戴，很可能就不走了。大脑也是如此，如果长时间不用，就会“生锈”，反应速度变慢。只有经常思考，不断刺激大脑神经，才能让大脑保持最佳状态。

大脑具有可塑性，虽然衰退的结果难以避免，但是会根据环境刺激与学习经验发生改变。当人们在不断学习新的经验、新的语言、新的技能，不断接触新的面孔，接收新事物所带来的刺激时，实际上都是在重新塑造大脑，而且科学研究表明，大脑的可塑性会持续终生。

别让你的人生败给不会用脑。如果你已经知道大脑具备可塑性，却任凭它不断地衰退，我想这一定会让你终生遗憾。接触的人越多，你越能发现与人交流的乐趣，他们会在很多方面带给你认知上的提升，让你认识到自己的渺小及世界的无限乐趣。

人的大脑活跃期在20~40岁，即使在40岁之后大脑逐渐失去了活力，也依然可以通过有效的练习方法保持它的灵敏性。因此，本书定位于青少年与广大职场人士。这是一个用脑的时代，不会激发自己的大脑潜能，无法保持大脑的高速运转，你的前途将会蒙上阴影。

本书以日本医学博士加藤俊德的理论为基础，将大脑分为 8 个功能区，如下图所示。

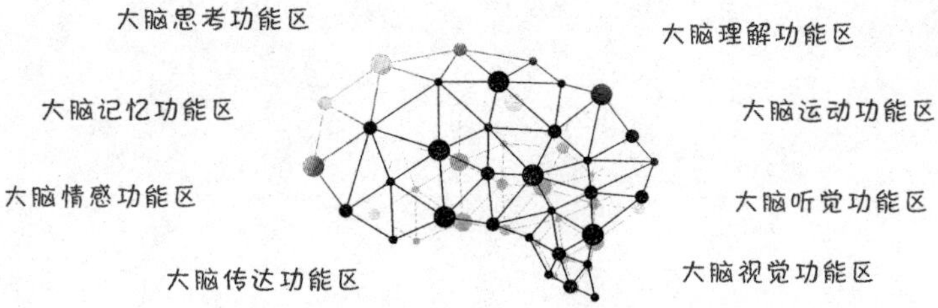

大脑的 8 个功能区

本书没有严肃的理论知识，只有一些与学习、工作、生活紧密相连的实用技能，通过一些很简单的方法就可以刺激大脑的各个功能区，使其得到锻炼。

针对每个大脑功能区，本书都设计了一些非常实用而简单的锻炼方法，每天都可以进行练习。相信坚持一段时间之后，读者就会意识到这样做的好处，并在学习与工作中得到切实的帮助。此外，在每节的末尾都加入了一些有趣的知识点、学习方法、工作技巧等，提升了本书的可读性。本书中的一些观点和方法借鉴于日本脑科专家加藤俊德的著作《激发最强大脑》和美国学习高手芭芭拉·奥克利的著作《学习之道》等，在此表示衷心的感谢，感谢诸多学者和专家对人类大脑孜孜不倦地研究，才让我们更好地认识自己的大脑。

要么使用它，要么失去它。如何选择，会决定你的一生！

CONTENTS 目录

第五章　大脑情感功能区的快速训练法

第六章　大脑传达功能区的快速训练法

第七章　大脑理解功能区的快速训练法

第十章 大脑视觉功能区的快速训练法

第十一章 保持大脑最佳状态的超脑思维游戏

第一章

CHAPTER 1

练就超级大脑，你需要知道的秘密

持续生长的除了身体，还有大脑

一个人的脑细胞最多、最活跃的时期是婴儿时期，之后随着人们年龄的增长，脑细胞开始慢慢地减少。

不过，虽然脑细胞数量在逐渐减少，但是只要能够持续给大脑供给营养，它就不会停止工作。

大脑成长的过程大致可分为5个阶段，结合几位相关专家的介绍，让我们来分别认识这5个阶段，以及如何让大脑保持在最佳状态。

1. 第一阶段——怀孕期

人类的大脑在母亲受孕后4周以内开始发育，在这一阶段让大脑保持最佳状态的关键在于良好的产前环境。在此期间，孕妇不能有过大的压力，要保证良好的饮食，远离香烟、酒精等有害物质。在胎儿大脑发育的末期时，胎儿开始具有听觉和记忆的能力，声音与感觉开始影响大脑。

2. 第二阶段——童年期

童年时期的大脑相比于后面几个阶段更具有活力和可塑性。当人们探索周围世界的时候，大脑正在以惊人的速度学习、记忆、感知周围的一切。

在童年时期，孩子的大脑会迅速生长发育，在这期间的每次经历都会影响其成人后的状态。也就是说，这一阶段是大脑开发的关键期，父母一定要重视这个阶段。

3. 第三阶段——青春期

这个阶段的大脑仍然处于发育期，虽然大脑容量已经接近成人，但神经连接网络仍然是一项没有完成的工作。这个阶段的青少年一般具有自私、鲁莽、不理性、急躁和易怒等特性，不过也有积极的一面，就是这个阶段的大脑仍然像儿童期的大脑一样具有可塑性，可以汲取大量知识。

4. 第四阶段——成人期

20岁以后，大脑发育进入成人期，在22岁左右脑力达到顶峰，而这种状态通常只持续5年左右，随后开始进入下滑期。

不过，脑力衰退是一个缓慢的过程，会从27岁左右开始并延续整个成人期，而且每种能力衰退的速度不同。

临床研究认为，人们在25~65岁的脑力衰退会对他们的现实生活产生影响。不过，只要保持身心愉悦、合理饮食、远离烟酒和毒品，就可以减缓脑力衰退的速度。

5. 第五阶段——老年期

65岁左右，大多数人都会察觉到大脑出现衰退的迹象。例如，经常忘记别人的名字、丢三落四等。这是由人们在这一时期脑细胞不断减少，记忆力开始衰退导致的。那么，怎样减缓大脑的衰老速度呢？研究表明，每周锻炼3次大脑有助于提高老年人的注意力和抽象思维能力，间接改善记忆能力，还可能促进新的脑细胞生长。[1]

此外，利用计算机进行大脑训练，可以提高65岁以上老年人的记忆力和注意力。

你正处在大脑活跃期吗

日本医学博士、大脑研究专家加藤俊德做过一项实验，他在0~100岁的人群中随机抽取了1万多人的脑部影像，结果显示人们在20~40岁时，大脑处于最活跃的时期。

20岁之前，大多数人都是在学校度过的，学习各种基础知识，很少接触社会。因此，个人能力、经验提升的速度和幅度都十分有限。也就是说，20岁之前，人们只是开发了大脑的基础部分。

---

① 李有观. 人类大脑是如何发育成长的[EB/OL].http://www.lifeomics.com/?p=21545，2009-09-22.

大学毕业后，人们步入社会，进入职场，会接触到比学校更为复杂的世界。人是很聪明的，处于成长期的大脑的学习速度也是惊人的。随着与社会接触的愈发频繁，人们在学生时代没有得到充分开发的脑细胞也随之被激活。更复杂的人际关系、更困难的工作任务、更多新的学习内容……这一切都在激发着人的大脑，加速大脑的成长。

为什么进入社会之后，大脑的成长速度就加快了呢？这主要是由于受到外部环境的刺激及脑部意志的增强。面对更复杂的社会环境，人们必须通过不断思考才能应付。例如，一位销售人员需要学习各种销售技巧和营销话术，洞悉客户心理，需要不断思考如何最终实现成交，提升业绩……这个过程就是不断激发脑细胞、提升大脑运转效率的过程。在外部环境的逼迫下，人的自我提升的速度是惊人的，毕竟这是一个适者生存的时代，而且人性的特点就是不断向着更高的目标前进。

再来看人们的自我意识。年轻人初入职场，每个人的脑海里都绘制着美好的蓝图："我要成为像乔布斯一样的伟大人物""我想发明出一款能够改变世界、造福人类的产品"……在美好理想的激励之下，人们进入社会，并为实现自己的目标而努力。在追求目标的过程中会不断遇到困难，人们会想尽办法解决一个接一个出现的新问题。因此，脑部意识一直保持在活跃状态。

20~40岁，人们正处于人生的奋斗期。人在这个时期会接触很多人，经历很多事，在实现目标的过程中会激发自己的大脑潜能。因此，这个年龄段被认为是大脑的最佳锻炼时期。然而需要注意的是，如果目标难度过大，势必会经历挫折，一旦产生消极的想法，如怀疑自己的能力等，则会阻碍大脑的成长。因此，建议年轻人在实现理想的过程中脚踏实地，通过设定合理的目标一步步激发大脑的潜能，并使其始终保持高速运转的状态。即使实现目标的速度会减缓，大脑的潜能也是在不断增长的，这对于实现“最强大脑”的终极目标也十分有益。

通过分析脑影像的数据，加藤俊德博士认为，大脑的成熟期应该在30岁左右，因个体差异，每个人的具体情况会有所不同。无论是学生还是成年人，如果想锻炼大脑，任何时候开始都不晚。对于莘莘学子来说，学习课本的内容可以促进大脑成长，但同时还需要通过社会实践等不同的方式激发大脑潜能；对于成年人来说，更不用担心错过了大脑最佳生长期，只不过大脑成长的速度会慢一些。但是，如果你不注意锻炼大脑，那么与其他人的差距就会很快显现。

本书就是教大家如何锻炼大脑的，后面会陆续介绍一些具体实用的方法。这里先介绍几个保持大脑活跃的小技巧。

（1）均衡饮食，饭吃八分饱。还记得自己吃完自助餐的样子吗？是不是吃撑了？吃完之后是不是犯困？吃得太多，就会增加身体消化与吸收的负担，消耗过多能量，从而导致大脑能量供应减少，活跃度下降。因此，吃饭只吃八分饱，同时多吃蔬菜，均衡饮食。

（2）犯困了洗洗手。每当困意袭来时，很多人都会选择用冷水洗脸。研究表明，洗手的效果更好。通过刺激手部可以保持大脑的活跃，让困意快速消失。

（3）小睡快速恢复精力。犯困的时候小睡10分钟，如果能睡着一会儿，则对恢复精力、提高大脑活跃度非常有效。

（4）坚持运动，为大脑持续供氧。

延伸阅读

女性考虑事情多，是因为比男性的大脑更活跃

男人经常抱怨女人想太多。科研人员发现，这是由男女大脑中的先天区别导致的。

美国加利福尼亚州诊所的研究人员对超过4.5万份研究报告进行分析后发现，女性之所以想得太多，是因为她们的大脑远比男性大脑活跃得多。研究人员选取了119名身体健康的志愿者，同时选取了26 683名患有精神类疾病的患者。研究结果显示，女性大脑内多处的血流速度要高于男性，这能够增加她们对事物的专注度及同情心，同时也能让女性更容易感到焦虑。

这项研究很好地解释了为什么女性在直觉、同情心、专注力、协作能力与自我控制力方面更具优势，以及女性为何更易出现焦虑、抑郁、失眠和饮食失调等症状。

学习好的人常常受制于大脑使用习性

每个人都会受到大脑使用习性的影响。所谓习性，就是在平时的学习、工作、生活中积累的经验。如果想要更好地锻炼大脑，这样的经验一定越多越好。这就要求人们尽可能地接受来自各方面的挑战，尝试新

鲜事物，学习新的资讯，勇敢探索未知领域。然而，那些学习成绩好的人，尤其是还没有进入工作岗位的学生往往觉得“我只要学习好就可以了”，对与之不相关的工作不屑一顾。实际上，这在很大程度上减少了他们行为的选择性。

例如，由于受到外界环境的影响，尤其是父母灌输的观念，很多学生认为只要学习成绩好就行了，其他的事情根本不必放在心上，甚至对一些简单的事情也不屑一顾。对此笔者也深有同感，自己当年也是一个“书呆子”，虽然“一心只读圣贤书”，但是学习成绩并不理想。不但如此，笔者还对简单的事情抱有一种不屑的态度。例如，对于刷碗、做家务这种事嗤之以鼻，看不起在街头摆摊做小买卖的人……

学习成绩好的人，不愿意从事与自己身份不相称的工作。如果从小就养成了这样的观念，那么走上工作岗位之后，这种观念也不会很快转变。例如，A是一名名牌大学的高才生，毕业后如愿以偿地进入金融行业，在中国建设银行当柜员。这是一份让无数人羡慕的职业，然而工作没多久，A就滋生出强烈的逆反情绪，她觉得“收钱”这种事跟她的身份完全不相称。

每天都在做重复而简单的工作，A觉得太屈才了。终于在进入银行3个月后，某次领导让她帮忙打扫卫生这一举动彻底刺激到了A，她直接转身走了，此后再也没有在单位出现。实际上，银行有一套专门培养人才的制度，一些高才生在柜台干满一年、熟悉业务之后，就会被调到其他工作岗位。

对工作充满厌烦情绪

有时越是学习成绩好的人，自尊心与成见心理越强。由于不愿意从事觉得与自己身份不相称的工作，因此行为选择性会大大减少，同时会错失很多动脑的机会。锻炼大脑，需要积累各方面的经验，在此过程中大脑会不断思考，飞速成长。如果不做，就没有机会接触到这些事情，也就没有动脑的机会。很多学校的尖子生情商低，导致自己的人际关系不协调，只顾学习，导致自己的动手能力差，毕业之后发展得不尽如人意。如果不是从事科研、编程这类对智商要求较高的工作，曾经的尖子生就不会展现很强的工作能力。因为他们的大脑一直在接受单一的刺激，如学习课本知识，从而形成了“学习脑”。除了学习之外，其他方面的表现都很一般。

综上所述，锻炼大脑不要受任何事物的限制，尽可能多地尝试全新的挑战，自由发挥想象力与创造力，让大脑更好地成长。

危险！那些让大脑加速衰老的因素

《美国医学会杂志》发表的一篇文章指出，人的大脑从30岁开始衰老，40岁后，人体新陈代谢逐渐变缓，大脑细胞功能随之减退，体力、记忆力、反应力下降，定位能力、身体协调性不及从前；60岁之后，大脑以每年15%的速度萎缩。然而，只要运用正确的方法，就可以减缓大脑衰退的速度，这也是加藤俊德博士认为40岁之前大脑都处于活跃期的原因。在此期间，只要运用科学的训练方法，并保持良好的生活习惯，完全可以让大脑保持活跃状态。

想让大脑保持高效的运转，年轻时养成良好的生活习惯非常重要。因为习惯一旦养成，后期是很难改变的，所以养成一个好习惯会让人受益终生。让我们认清那些加速大脑衰老的危险因素，从小养成健康的生活习惯，远离那些损害大脑的坏习惯吧！

1. 吸烟——毁掉的不只是肺，还有大脑

由于广泛宣传，吸烟对健康的危害已经人尽皆知，然而吸烟对学习和记忆能力的影响却鲜为人知。据英国《每日邮报》报道，香烟中含有超过4000种化学物质，其中那些有毒的化学物质在人体中长期累积会损害大脑，导致学习和记忆能力的下降。长期吸烟可能导致前瞻性记忆的缺损，这是大脑负责日常任务记忆的记忆区域，如忘记服药时间等。此外，吸烟还会影响人的执行功能，该功能帮助人们安排任务，并专注于当前所进行的活动。芬兰图尔库大学的研究人员也做过类似的研究。他们从1980年开始，持续追踪调查了3596人，观察他们在儿童时期、青少年时期及成年后的饮食、作息和医疗记录，这项研究持续了31年。调查人员发现，青少年时期吸烟的调查对象的大脑老化速度比不吸烟的同龄人平均快3.4年。无论这些人在成年之后保持多么健康的生活习惯，青少年时期吸烟的习惯已经对大脑造成了不可修复的损伤。

2. 垃圾食品——为了一时的口腹之欲伤害大脑，值得吗

垃圾食品的危害可谓立竿见影，一周就可能影响到记忆力。新南威尔士大学的药理学教授玛格丽特·莫里斯博士进行过一项研究，吃一顿含有大量饱和脂肪酸和糖的食物，可立即对大脑的认知能力产生不良影响，进而造成记忆损伤。

这一研究的实验对象并非人类，而是小白鼠。在享用了一周的垃圾食品之后，小白鼠的空间认知能力明显下降，负责学习和记忆的大脑海马区域的炎症明显增加。当小白鼠恢复正常饮食之后，其记忆损伤仍未改善。虽然实验对象是小白鼠，但是已经有证据表明，短期接触垃圾食品同样会影响人类的记忆。试想一下，如果从青少年甚至是儿童时代开始，就爱上了汉堡、薯条、碳酸饮料这类垃圾食品，那么大脑的受损程度会是多么严重。

芬兰图尔库大学的研究人员通过观察也证实，青少年时期不健康的饮食习惯会对大脑造成不可修复的损伤。那些经常吃高饱和脂肪酸、高盐、高热量快餐的人，容易出现血压偏高、胆固醇水平偏高的症状。而青少年时期血压偏高的研究对象，大脑老化速度比血压正常的同龄人平均快8.4年；青少年时期胆固醇水平偏高的大脑老化速度平均加快6.6年。很多缺乏健康意识的家长过于溺爱孩子，每天都让孩子食用汉堡、碳酸饮料等这类垃圾食品，殊不知这是在伤害孩子的大脑。

3. 肥胖——不仅影响形象，还会伤害大脑

《衰老神经生物学》杂志刊登的一篇文章曾指出，肥胖可能会加速大脑衰老。英国科研人员选取了500多名年龄在20~87岁的剑桥居民进行调查，分析了其脑部影像。结果显示，身材匀称的人和肥胖者的大脑结构存在差异，但这种差异只在40岁之后开始逐渐显现。40岁之后，肥胖者的大脑开始迅速老化，脑容量开始减小。到了50岁的时候，他们的脑容量相当于身材匀称者60岁时的大小。科学家由此得出结论，肥胖者的脑组织比具有标准体重的同龄人平均老了10年。

“油腻的中年人”是很多人用来自嘲的称谓，现在看来，不仅仅有变丑的形象，还有逐渐变慢的大脑。

4. 熬夜——其实是在追逐死亡

英国科学家贝弗里奇说过，“疲劳过度的人是在追逐死亡”，晚睡并不等于活得更长。很多年轻人将熬夜变为一种生活方式，并对“夜猫子”式的生活感到自豪。因为在他们看来，早睡早起属于中老年人的生活方式。

《神经科学杂志》发表过一项研究报告，报告称，睡眠不足对大脑造成的损伤是无法通过补觉来修复的。同时，长期熬夜会造成头昏脑涨、记忆力减退、注意力不集中、反应迟钝等问题。

除了上述几点之外，饮酒、糖尿病、暴饮暴食、空气污染、长时间使用电子产品等都将对大脑造成损伤。尤其是年轻人，一定要引起重视。如果年轻时养成了恶习，成年之后就很难改变了。更何况对大脑造成的损伤是不可逆的，也就是说，无论成年之后拥有多么健康的生活习惯，大脑的损伤都已经不可修复了。

网上曾经流行一种说法，睡眠时间跟收入成反比。也就是说，睡得越少，收入越高。支持这种说法的人用超级富豪举例，说那些富豪的睡眠时间就很少，晚上只睡四五个小时，其他时间都在工作。稍微有点常识的人都知道正常人的睡眠时间是多长，或者也可以自己试一试，每天只睡四五个小时，能坚持几天。不可否认，很多企业家由于工作繁忙，晚上的睡眠时间确实很短。然而每个人的身体素质不同，也许他们睡几个小时就够了。还有一种可能就是，他们会利用白天的时间补觉。但对于大部分人来说，每天只睡四五个小时，甚至更少，是不够的。近年来常有过劳死的新闻见诸报端，给我们敲响了警钟。

脑科专家加藤俊德的“大脑八大功能区”①

加藤俊德博士将大脑分为八大功能区，分别是大脑思考功能区、大脑记忆功能区、大脑情感功能区、大脑传达功能区、大脑理解功能区、大脑运动功能区、大脑听觉功能区和大脑视觉功能区。本书也是以大脑的这八大功能区作为主线来讲解的。

1. 大脑思考功能区

大脑思考功能区主要控制人的思考、欲望、想象力、创造力等高级功能。大脑思考功能区发达的人，一般是企业经营者、学者，他们的判断力极强，关键时刻能够做出重要的决策。由于大脑思考功能区与控制五感的脑区域联系紧密，因此也被称为“大脑的司令部”。

2. 大脑记忆功能区

人类的大脑中有一种称为“海马体”的器官，分别位于左、右脑中。位于海马体周围的区域就是脑记忆功能区。左脑负责语言记忆，右脑负责非语言记忆，如影像等。从事翻译的工作者或历史学家通常脑记忆功能区都比较发达。

① 加藤俊德.激发最强大脑[M].任凤凤，译.南昌：江西人民出版社，2015.

3. 大脑情感功能区

大脑情感功能区最大的特点就是，随着人类的寿命而成长，不容易衰退。这一功能区发达的代表职业是演员，随着年龄的增长，演员的情感表达能力逐渐提高，演技也跟着进步。

4. 大脑传达功能区

大脑传达功能区分为用语言来表达的语言区与用图和影像来表达的非语言区两种。使用语言表达时，用到的是左脑的传达功能区；使用非语言表达时，用到的是右脑的传达功能区。

善于沟通与表达的人，一般左脑的传达功能区较为发达，其典型职业是销售员、主持人、牧师等。这类人的工作重点是让对方正确理解自己的意思，所以他们的大脑传达功能区在日常锻炼中会越来越强。

5. 大脑理解功能区

理解一个人所说的话，或者推测他想说的内容，这都属于大脑理解功能区的任务。这一功能区发达的典型职业代表是律师、编辑、记者等，他们在理解对方意图方面具有很强的能力，与其他职业的人相比，其大脑理解功能区更发达。

6. 大脑运动功能区

大脑运动功能区是大脑最早开始成长的区域，人在运动的时候，就会运用到该区域。这一功能区发达的典型职业代表是运动员，他们的大脑运动功能区最为发达。

7. 大脑听觉功能区

左脑负责听取语言，右脑则负责留意周围的声音。这一功能区发达的典型职业代表是音乐家，除此之外还有接线员、相声演员等。

8. 大脑视觉功能区

左脑负责读取文字，右脑负责识别影像。根据职业的不同，左、右脑视觉功能的发达程度也是不一样的。大多数职业都是左脑视觉功能区发达，而汽车技术开发者则是右脑视觉功能区发达，因为他们要一边看着汽车实体，一边进行研究。

第二章

CHAPTER 2

快速进入超脑状态，开启高价值的一天

闭眼深呼吸，调节大脑活跃度

一日之计在于晨。清晨是人注意力高度集中的时间段，这期间无论学习还是工作，效率都是最高的。因此，谁能尽早调整状态，充分利用清晨这段时间，让大脑活跃起来，谁的效率就会高人一筹。

美国西北大学的研究人员做过一项实验，他们招募了60名志愿者，让志愿者一边深呼吸，一边完成快速判断测试，同时记录下他们的呼吸状况。结果显示，志愿者吸气时做判断的反应速度比呼气时快。另一项测试则显示，志愿者吸气时记忆力更好。有意思的是，实现上述效果时必须是用鼻子做深呼吸，如果用嘴做深呼吸并没有这样的效果。

由此可见，通过深呼吸的方式可以充分调动大脑的活跃度，迅速进入学习和工作状态。

深呼吸是讲究方法的，下面介绍一种丹田呼吸法，也被称为腹式呼吸，这是一种更深的呼吸方式。研究表明，丹田呼吸法可以通过抑制交感神经系统的活动，降低其敏感性。此外，它还能活跃副交感神经，提高放松的程度。

丹田呼吸法的具体操作步骤如下。

（1）闭上双眼，深吸一口气，使腹部达到充分鼓起的状态。

（2）呼气，腹肌用力，让腹部瘪下去。需要注意的是，呼气时的节奏要比吸入时更长一些。这样做的目的是让氧气更好地输送到额叶外侧，从而活跃大脑。这种呼吸的方式不宜频繁使用，5~10次为宜。因为丹田呼吸法属于“过度呼吸”，如果频率太高，则很容易出现眩晕的情况。因此，每分钟进行5~6次，合计20~30分钟，即可达到最佳状态。

丹田呼吸法

出门享受阳光，分泌血清素

血清素可谓大脑神经系统的调节器，人体通过平稳分泌血清素对大脑活动进行调整。血清素有一个特点，一旦受到阳光照射就会变得活跃起来。通过沐浴清晨的阳光，可以让血清素的作用充分发挥，提升人们的注意力。美国纽约西奈山伊坎医学院记忆增强计划执行主任史威尔医师建议，“多出去走走，晒晒太阳”。因为阳光能促进神经生长因子和神经纤维的增长。

无论是对于学生还是上班族来说，享受阳光都可以让大脑逐渐活跃起来。因此，在阳光明媚的日子，提前一段时间起床，提前两站地下车，步行一段距离，在这个过程中可以充分享受阳光的照射。当来到学校或公司之后，大脑已经被充分调动起来，可以直接进入最佳的学习或工作状态了。

在户外步行不仅可以让你晒太阳，而且有氧运动本身可以使心跳加速，从而起到活化小脑的作用。在此过程中，能够有效提高大脑认知和信息处理的速度。美国伊利诺伊大学研究发现，只要每周健走3次、每次50分钟就能使人的思维变得更敏捷。

想要正确地享受阳光，还要考虑光照的时间与强度。如果是每天早上享受短暂的阳光照射，并不用顾忌这个问题。如果想长时间沐浴阳光，就要考虑紫外线过量的危险。因为光照时间受照射地点和人的肤色、年龄、体重等因素的影响。以北京为例，其地理位置为北纬39°~41°，那么每年的3~5月和9~10月，光照时长以30~60分钟为宜；每年的6~8月，光照时长20~45分钟就够了。

运动改造大脑，晨跑提神醒脑

美国亚利桑那大学的科学家做过一项研究：选取11名18～25岁的男性跑步者组成运动组，选取11名在过去一年内从未锻炼的同龄男青年，组成非运动组。对比两组之后发现，运动组参试者的大脑中涉及高水平思维区域的联系明显增强，其中包括负责如计划、决策、注意力转换等重要功能的大脑前额皮层，而大脑内负责注意力缺乏、心不在焉的区域活动则较少。非运动组则没有出现这一现象。研究人员表示，大脑区域间联系的增强有助于改善记忆力，提升注意力，增强多任务处理的能力及反应速度。

世界上很多知名人士都是晨跑爱好者，尤其是一些超级企业家，不仅是因为他们非常热爱健身，还因为他们知道晨跑的好处——既能健身又能健脑。跑步是一项枯燥的运动，但是非常锻炼人的毅力，能坚持下来的人，本身就具备很强的意志力。

美国社交网站Facebook（脸书）的创始人马克·扎克伯格即使来中国出差，也不忘晨跑。2016年1月4日，扎克伯格在Facebook上公布了他的新年愿望，其中就包括完成总计365英里①的跑步行程。也就是说，平均下来，他每天都要坚持跑步1英里。小布什、克林顿、王健林、张朝阳、潘石屹、村上春树……各行各业的精英大多都有晨跑的习惯。

有氧运动能够促进大脑额叶活动，从而提高人的注意力。不过，如果想要达到更好的效果，就需要做如健步走、跑步这样略感吃力的运动。如果只是慢走，则效果会差很多。科研人员通过实验证明，当运动

① 英里：英制长度单位，1英里约等于1.6千米。

强度不足40%时，额叶的活动力就会变低；超过40%之后，额叶活动的强度就会急剧上升。[①]

推荐训练方法

1. 晨跑

本节要讲的不是跑步技术问题，而是如何将晨跑这项运动坚持下来，因为这是一项消耗意志力的运动。无论是学生还是上班族，坚持晨跑的人数都不多，只有少数自律性比较强的能够做到，主要是观念不强与意志力薄弱的原因。

对于晨跑者来说，起床是最困难的，下面推荐一些窍门。

（1）赋予意义。为晨跑行为赋予一定的意义，当我们有目标，知道第二天要做什么的时候，就能够唤醒自己的主动性。

（2）闹钟设定的技巧。如果实在起不来，就定一下闹钟。闹钟响一遍不足以叫醒你，那就每隔5分钟响铃一次。同时，不要把闹铃放在触手可及的地方，拿远一些，这样你就必须钻出被窝关掉闹铃。当你离开舒适温暖的环境之后，也就不困了。

（3）找一个搭档。与志同道合的优秀者同行，双方可以相互监督、鼓励。如果一方赖床，而另一方可以提醒他。

（4）保证充足睡眠。保证7~8小时的睡眠时间，具体时间可根据每个人的情况及年龄而有所不同。

① 筱原菊纪.30种大脑训练方法[M].江霆，译.北京；电子工业出版社，2010.

2. 三步走健身法

与跑步相比，走路要容易得多，然而散步式的低强度运动并没有太大效果。三步走健身法操作起来很简单，就是前两步以正常步伐行进，第三步则跨出一大步。通过这种健步走的方式，能够促进大脑额叶活动。适应之后，还可以提升难度。例如，第五步的时候插入一大步，即3–5–3–5…如此循环进行。每当适应了一种节奏之后，就提升一次难度，这样就可以始终保持一定的强度。

延伸阅读

经常跑步的人，大脑萎缩速度更慢

科学研究证实，跑步后的快感不仅会对大脑产生短暂的刺激，还会有更长远的影响。美国的一家医疗机构已经证实，心肺适能不强的人，大脑萎缩的速度更快。

心肺适能指的是人的肺与心脏从空气中携带氧气并将氧气输送到组织细胞加以使用的能力。心肺适能较好的人，体能更好，不易疲倦，可以在更长的学习与工作过程中保持较好的状态；心肺适能较差的人，容易疲劳、精神萎靡，还容易引发心血管疾病。

跑步是提高心肺适能的有效运动之一。因为运动会让血流速度增加，能为大脑输送更多的氧气。跑步除了可以增加大脑的抗疲劳能力，还可以有效提升专注力，改写、重塑过往的创伤性记忆，增强心理适应能力，提高自我效能感。

第三章

CHAPTER 3

大脑思考功能区的快速训练法

大脑思考功能区概述

大脑思考功能区主要分布于大脑的左、右半球的前脑叶。它是大脑的“司令部”，控制思考、欲望、创造力等高级脑功能。

左脑的思考功能区一般在做判断、回答问题时使用。如果左脑的思考功能区工作超负荷，就会形成思维定式，成为不善变通、一意孤行的人。右脑的思考功能区则是在对图形、影像的构想等不需要做出明确回答时使用。如果右脑的思考功能区工作超负荷，就会产生模棱两可的想法，变得犹豫不决而很难做出明确的判断。一般来说，企业负责人、领导者这类人群的大脑思考功能区非常发达，因为他们经常需要做出决策。在这个过程中，该区域的功能就会越练越灵活。

当人们想要实现某一目标时，大脑思考功能区就会发挥“大脑司令部”的作用，分别向理解区、听觉区、视觉区、记忆区做出明确指令，之后各个区域开始分别搜集信息。

延伸阅读

构建信息组块

美国的芭芭拉·奥克利教授在《学习之道》一书中提出过构建组块的概念，这种概念指的是，当人们在遇到全新的概念时，往往就像左下图中散乱的拼块一样，不知道怎样去记忆，而只能死记硬背，但很快就会忘掉。因此，人们必须将散乱的信息按照自己的理解重新组合，从而构成像右下图中拼凑整齐的拼图这样的信息组块，这种符合逻辑的内容更有助于记忆。

散乱的原始信息

经过重新组合之后的信息

理解与数字双重训练法：逐步增加阅读字数

这种数字训练法指的是通过阅读一段话，在理解的基础上，找出有几个相同的字。通过这种训练方式，能够有效激活大脑额叶。

这种方法很简单，用下面这段话举例。

当人们想要实现某一目标时，大脑思考功能区就会发挥“大脑司令部”的作用，分别向理解区、听觉区、视觉区、记忆区做出明确指令，之后各个区域开始分别搜集信息。

1. 初始难度

首先要理解这段话的意思，简单来说，就是大脑思考功能区向其他4个区域发布指令，起到“大脑司令部”的作用。

2. 难度 +1

接下来，找出这段话一共有几个“区”字。

当人们想要实现某一目标时，大脑思考功能**区**就会发挥“大脑司令部”的作用，分别向理解**区**、听觉**区**、视觉**区**、记忆**区**做出明确指令，之后各个**区**域开始分别搜集信息。

结果是一共有6个。

这就是理解与数字双重训练法。这种方法很简单，但是操作起来同样需要长时间的练习。最开始可以无限次进行阅读，直到理解为止，然后再找出相同的字。

3. 难度 +2

然后，开始根据自己的能力限定阅读字数，如读一遍内容，就要做到理解并找出相同的字。

4. 难度 +3

熟练掌握之后，还可以继续提升难度。找出两个相同的字或词，如“区”与“令”。结果发现，一共有6个“区”字，2个“令”字。

5. 难度 +4

继续提升难度，找出相同读音的字，如“yi”。对于简短的句子，速读一遍，很快会发现相同的字，但是要找相同读音的字，就有一定的难度。这段话中，读音为“yi”的包括“一”“忆”两个字。

6. 难度 +5

增加阅读篇幅。最初的训练可以是一句话，然后是一段话，逐渐增加字数，以此激发大脑潜能。

延伸阅读

构建组块信息第一步

构建组块信息的第一步就是要专注。如果经常被邮件、朋友圈分心，构建组块就会非常困难。例如，准备背诵一段文字时，需要专注于文章内容，快速浏览一遍，找到能够理解的信息。但如果频繁走神，就需要花费很长时间记忆这段文字。

倒背数字法：锻炼最强记忆力

研究发现，倒背数字有利于提高记忆能力，激活大脑额叶。倒背数字锻炼的是人的瞬时记忆能力，也就是在短时间内能记住多少数字。普通人一般能记5~9个数字，随着年龄的增长，数量会不断减少。只要通过一些简单的数字训练，就能够较好地延缓这种情况。

1. 训练方法

先从三位数开始练习：123−321、456−654、789−987…然后开始进行四位数练习：1234−4321、5678−8765…以此类推，每次增加一位数，念完后立即复述，直至不能完全复述下来为止。

2. 难度 +1

打乱数字顺序，随机组合：294−492、1290−0921、8938−8398…以此类推。对于大多数人来讲，以五位数进行练习最为合适，可以根据每个人记忆力的不同进行适度增减。

在记忆过程中，同时调动多个大脑功能区的方法效果更好。以倒背数字为例，单纯调动大脑思考功能区与记忆功能区，不如将数字写在纸上，让大脑视觉功能区参与其中。同时，还可以让别人念一组数字，自己倒过来念一遍，这样就调动了大脑的听觉功能区。

利用这种方法，有助于构筑更强大的记忆模型，编织更紧密的记忆网络，从而提高记忆能力。无论学习还是工作，都会因此受益。

延伸阅读

构建组块信息第二步

面对全新的概念，构建组块信息的第二步就是理解。例如，一道英文选择题：

Look at that little boy wandering about—perhaps he______his mother.

A.will lose B.is losing

C.had lost D.has lost

在做这道选择题时，即使不知道每个单词的含义也没关系，只需要掌握关键要义，就可以很好地进行理解并选出答案，这样记忆效果也会更好。答案选D项。根据那个小男孩徘徊的情形，推测他可能是找不到妈妈了，因此用现在完成时表示结果。

在理解的基础上进行记忆，能够将记忆痕迹更好地联系起来。

石头、剪刀、布：锻炼大脑瞬时反应能力

“石头、剪刀、布”的游戏大家一定都玩过，该游戏本身就是一种博弈的过程，需要猜测对手出什么，三选一（石头、剪刀、布），然后做出自己的判断。

在此过程中，大脑就会不断思考，如果长时间练习，还会观察出对手出拳的套路。通过分析对手的心理，从而可以做出最优选择。在观察对手套路的时候，还会锻炼自己的记忆力，因为需要记住对手的出拳顺序。

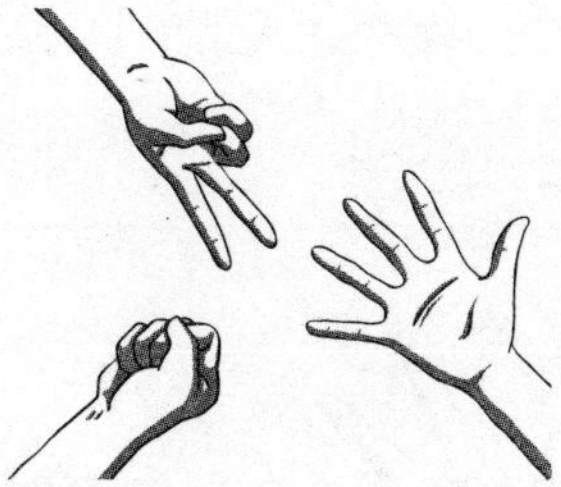

石头、剪刀、布

1. 初始难度——全胜全败法

全胜全败？不可能啊！如果你觉得诧异，就说明你没有认真思考。

怎样做到全胜呢？后出拳就行了。有人说是作弊，可是猜拳前并没有给出限定条件，只能说你陷入了思维定式。那么如何做到全败呢？先出拳就行了（前提是对方不会故意输掉），这样全败的概率还是比较大的。

2. 难度 +1——用脚猜拳

很少有人会用脚猜拳，所以刚开始练习的时候，除了会激发人的记忆力、锻炼人的心理博弈能力之外，还考验人的反应能力。因为平时很少用脚，所以反应时间会更长一些，这个过程也在锻炼思考能力。

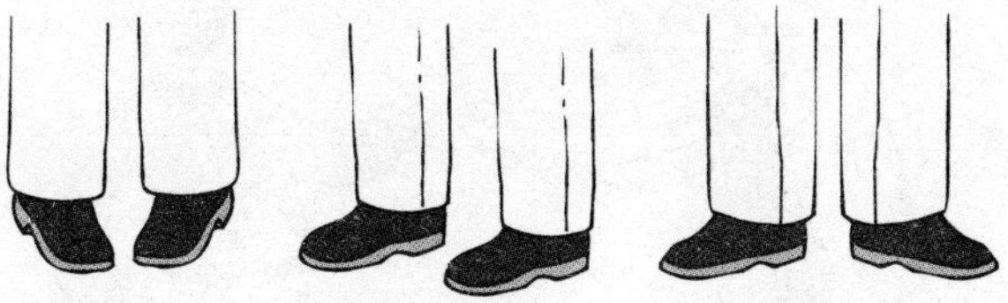

用脚划拳

3. 难度 +2——左右互搏

左右互搏指的是自己的左手与右手进行猜拳。例如，设定为左手赢

5次，然后改为右手赢5次。如果左手出剪刀，那么就要思考右手出什么才能赢。通过这种方式进行练习，并逐渐提高速度，能够达到很好的锻炼效果。

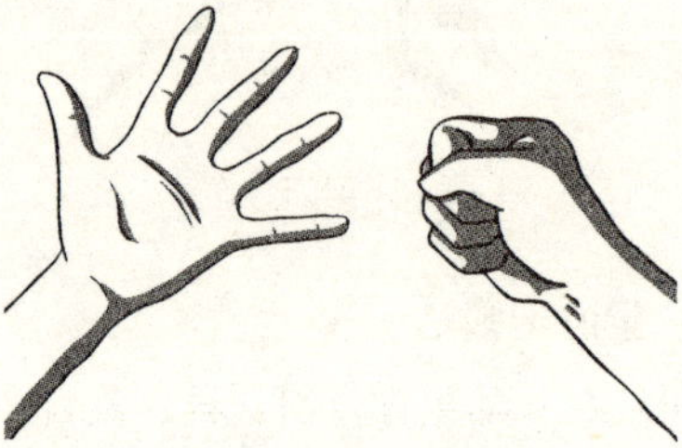

左右互搏

4. 难度 +3——逆向思维

长期进行逆向思维的训练，同样有助于开发大脑潜能。“石头、剪刀、布”的游戏也可以用逆向思维的方式进行。例如，可以通过修改规则进行训练，赢了的人要“哭”，输了的人要“笑”。先做错表情的一方就算输。一般来说，赢的一方肯定会得意扬扬，要笑才对，但是此刻要求进行逆向思维，反而要做出“哭”的表情，这就需要进行短暂的思考了。

猜拳赢了的哭，输了的笑

另外研究表明，高水平的游戏玩家确实比较“聪明”。因为大多数游戏都有不止一种取胜方法，所以为了取胜，玩家都会寻找各种各样的策略。在此过程中会充分调动大脑潜能，增强脑力。

延伸阅读

构建组块信息第三步

在理解的基础上进行记忆后，虽然短时间内有助于提高记忆效果，但是如果不及时回顾，也会很快遗忘，这就是课后复习非常重要的原因。在课堂上掌握的概念，或者在工作中学到的技能，一定要及时回顾，并进行自我测试，这是巩固记忆的最好办法。

设定目标并限定字数，增强大脑的逻辑性

设定目标本身就是一个思考的过程，要考虑做哪些事，为什么要做，这样做能够达到什么样的目标，为此需要准备什么……本节的训练方式是在一定字数之内将目标进行有效概括，这有助于提高大脑的逻辑性，同时充分激活大脑思考功能区，让其变得更加活跃。

无论是对于青少年还是对于成年人来说，限定目标字数的方式都能达到锻炼大脑的目的。对于青少年来说，设定目标的过程本身就有一定的难度。以当日目标为例，首先想到的就是学习目标，如明天有英语考试，当日目标就会设定为“学习英语”。然而这样的目标过于概括，学

生们会继续设定更加具体的目标，如“做一份模拟试题”“背一遍单词加深记忆”“复习语法”……

1. 难度 +1——限定在 20 个字之内

目标有了，但是比较杂乱。此时如果限定了字数，他们就会形成一定的逻辑，将这些目标重新排列整理，并限定在20个字之内。

（1）为什么是当日目标？

因为青少年年龄较小，逻辑性还不够成熟，长远目标对他们来说有一定难度，设定当日目标更简单。

（2）为什么是20个字之内？

限定字数就可以让练习者动脑思考，斟酌用词。

将“学习英语”这个目标限定在20个字之内：背单词、复习语法、做一份模拟试题（14个字，不包括标点）。经过梳理之后的目标更符合逻辑，且限定在了20个字之内，这个过程能够很好地增强大脑额叶的功能。

如果是成年人，逻辑性与计划性都更强一些，也可以按照设定当天的日程表进行练习。需要注意的是，设定当日目标一定要在早上进行，因为经过一夜的睡眠和休整，思路会更清晰。

2. 难度 +2——限定在 10 个字之内

由于成年人逻辑性更强，因此要尽量缩减字数，如限定在10个字之内。推荐使用关键词设定法，将当日目标归纳为几个关键词，如文案、报告、客户、开会（8个字，不包括标点）。

排列目标时，既可以按照时间顺序，也可以按照重要程度。通过上述方法反复练习，就可以达到锻炼大脑的目的。一旦养成习惯，就可以提高工作效率。

延伸阅读

构建组块信息第四步

构建组块信息的最后一步就是跳出初始信息，从更加宏观的角度看问题。一旦跳出某条具体的信息，从更加宽广的角度来看，就会发现剩下的细节部分很容易填充。

每天发现他人的3个优点并加以赞美

赞美是一种社交礼仪，渴望被赞美又是人的天性，如果总是看到别人的缺点，那么长期积累的负能量会让人疯掉。但是为什么是3个优点呢？因为即使是不喜欢的人，一般也可以列举出他的3个优点。如果只是列举一两个优点，那么会过于简单。也可以升级难度，如列举5个优点、7个优点，甚至更多。

这虽然是一种锻炼大脑的方式，但是也可以找机会告诉对方他的优点，这样能够同时锻炼情商。

1. 初始难度——列举家人、朋友的 3 个优点

由于和家人或朋友经常见面，且彼此间非常熟悉，因此列举他们的优点会很容易。将优点勇敢地告诉他们，这也是一种表达爱意与关怀的方式。

2. 难度 +1——列举同事的 3 个优点

工作占据了我们相当一部分时间，平时与同事相处的时间也不短，列举出同事在工作中的3个优点并不难。也可以自己升级难度，找出同事在生活中的3个优点。这就考验你的观察力、沟通能力及识人能力了。你很可能并不了解同事在生活中是什么样子，但是可以通过其在工作中的表现进行合理推测，并通过交流告诉他们，以检验自己的判断正确与否。

3. 难度 +2——列举“敌人”的 3 个优点

所谓的“敌人”，是指那些自己不喜欢的人。对于很多人来说，列举“敌人”的缺点很容易，但敌人的优点却怎么也想不出来，因为看对方哪里都不顺眼。这时就需要换位思考，而不能感情用事。“虽然领导是一个自私的人，但他至少懂得基本的社交礼仪。”“虽然Cindy总是唠叨个没完，但是心眼儿不错。”……通过换位思考，会更容易发现不喜欢的人的身上的优点。

玩一会儿脑筋急转弯：彻底打破思维定式

脑筋急转弯能够很好地锻炼大脑的反应能力，很多成年人并不擅长这类游戏，因为他们已经形成了思维定式。相反，孩子们的大脑更加灵活，容易接受新事物，他们在这类思维游戏中往往表现得更好。无论是成年人还是孩子，都应该经常进行脑筋急转弯的训练。在学习和工作之余，做一道脑筋急转弯测试题，有助于锻炼发散思维，让思维变得更加灵活。思维不够灵活，就会限制人们的想象力，不仅会对学习、工作产生负面影响，而且人生也会少很多可能性。

脑筋急转弯能够从多方面提升一个人的思维能力，包括逻辑思维、逆向思维、跳跃性思维等，以及反应能力，下面就开始练习吧。

（1）某人将一条鱼放进开水里，30 分钟后鱼竟然没有死，请问这是为什么？

思维提示：开水。

鱼在开水中为什么没有死?

【分析】很多成年人看到这个问题，一定会认为题目很无聊。在开水中待30分钟，任何鱼都被煮熟了，这就是受到了思维定式的限制。如果看到关键提示“开水”，也许很多人就会想到答案。鱼在什么样的开水中不会死呢？当然是煮沸之后逐渐变凉的开水，所以答案就是——凉白开。

（2）一名卡车司机撞倒一个骑摩托车的人，结果卡车司机身负重伤，骑摩托车的人却没事，请问这是为什么？

思维提示：卡车司机。

为什么卡车司机倒地不起?

【分析】既然提示了解题关键点在“卡车司机”，如果按常理思考，大卡车跟摩托车相撞，后者一定会变成一堆废铁。然而，为什么骑摩托车的人毫发无损呢？只有一个可能，就是卡车司机并没有开卡车。根据题意，并没有说明卡车司机是在开车的情况下跟摩托车相撞的。答案就是——卡车司机没开车。

（3）卖报纸的张大爷每天都在报摊辛苦工作，从早上 9 点一直工作到晚上 11 点，每天的收入大概有 200 元。然而周日这天，张大爷只卖了 10 元，请问这是为什么？

思维提示：报纸

为什么周日的生意如此冷清?

【分析】周日卖报纸的收入怎么突然从每天的200元变为10元了呢？难道是周日下雨没生意？可是题目中并没有提及其他因素，而且提示的关键点是“报纸”。什么样的报纸只能卖出10元呢？想到这里，只要是有一些生活常识的人都会反应过来，所以答案就是——废报纸。

填字游戏：让大脑年轻10岁的秘密

英国埃克塞特大学和伦敦大学国王学院的研究人员做过一项实验，他们挑选了17 000名年龄为50岁的健康受试者，针对这批人的记忆力、注意力和推理能力进行了网上测试。研究发现，经常玩填字游戏的受试者，其注意力、记忆力及推理能力都要好于不玩填字游戏的人。研究人员分析之后认为，在有关语法推理速度和短时记忆准确性的测试中，那些每天完成填字游戏的人，其大脑功能相当于实际年龄比他们年轻10岁的人。也就是说，经常玩填字游戏能够有效减缓大脑衰退。

同样是来自英国的研究结论，当人们完成填字游戏时，大脑会释放多巴胺，让人感到十分愉悦。研究者称：“多巴胺是一种大脑奖励，可以从中奖等事情中获得。”通过研究大脑活动发现，当大脑释放多巴胺时，大脑中负责创造性解决问题的区域就会活跃起来。

做一个填字游戏试试吧，如下图所示。

填字游戏

横行

一、日本动漫《灌篮高手》中的一个角色

二、国内女高音歌唱家，代表作《万事如意》《走进新时代》

三、孟郊《游子吟》诗中“游子身上衣”的上一句

四、世界名车品牌之一，名称来自底特律城的创建者

五、感情或活动等发展到十分紧张的状态

六、美国梦工厂出品的一部动画电影

七、“初唐四杰”之一

八、文章的一种写作手法，用笔曲折而意含褒贬

九、日语中表音符号的一种，大部分从中国汉字的草书演化而来

十、在建筑物落成、新造车船出厂或展览会开幕时举行的一种仪式

十一、法国著名作家雨果的一部小说

十二、成语，指不自觉地做了原先没想到会做的事

纵列

1. 一种名为剪刀草、燕尾草的蔬菜

2. 黎明演唱的歌曲，第一句歌词“月色变得黯然，在深秋的黎明”

3. 成语，手一挨近就感到热，比喻气焰盛，权势大

4. 金庸武侠小说《天龙八部》中星宿派丁春秋的武功

5. 前圆后尖，表面光滑，略像水滴的形状

6. 独立行使审判权的国家机关

7. 中国台湾地区男歌手，代表歌曲《火柴天堂》

8. 日本的一个卡通形象，又被称为无嘴猫

9. 吴天心、王道、刘雪华等主演的一部电视连续剧

10. 企业或机构在互联网上注册的名称，是互联网上相互联络的网络地址

11. 韩国女影星，出演过电视剧《明朗少女成功记》

12. 一般是指工业品的价格比农业品的价格高时，两者之间的差额

13. 苏联国家安全委员会俄文缩写的音译

14. 大声叫好

（参考答案见本书第193页）

为每项任务设定最后期限：适当的紧迫感提升大脑潜能

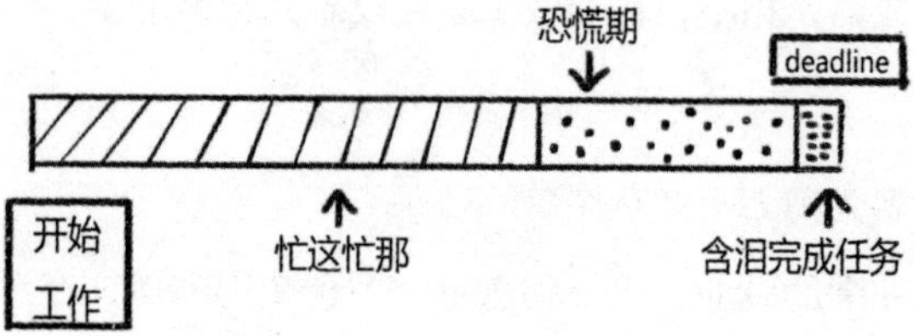

设定最后期限

如上图所示，在日常生活与工作中，肯定有很多人有类似的经历。设定最后期限，实际上是一种限定时间的做法，不仅可以提高工作效率，还可以迫使大脑的思维不断转换，锻炼大脑的能力，提高学习与工作效率。

如果一项任务没有截止日期，那么一个人在没有压力的情况下，很容易陷入拖延的状态。以背单词为例，大脑一直在使用记忆功能，这只是针对单一脑区域进行的练习。如果限定了时间，在完成背单词任务之后，还要学习数学，这时的思维就会在不同的脑区域之间转换，即可以让更多的大脑区域得到有效锻炼。

在大脑思考功能区，左脑负责具体工作，右脑则表现优柔寡断的一面。如果没有截止日期，思维就会停滞不前，不利于激发大脑思考。假设领导让写一份报告，但是没有说明截止日期，对于具有拖延习惯的人来说，右脑就会阻止他工作。这时就需要自己意识到问题所在，给自己一个截止日期，如在下班之前写好报告。此举激活了左脑思考功能区，在压力的逼迫下，左脑会想办法尽早完成报告，在这个过程中能够充分运用大脑的功能。

那么，该如何设定截止日期呢？

1. 截止时间阶段化

例如，晨会之后，领导要求你明天一早交上来一份文案，你给自己设定的截止时间是今天24点之前。很多有拖延习惯的人很可能到晚上10点之后才开始，他们会为此找很多借口，如白天工作忙、晚上有灵感……如果采用截止时间阶段化的方法，你就会开始思考每个阶段具体要完成的工作内容。

（1）第一阶段：10:00~11:00AM。早上精力充沛，思维活跃，最适合解决复杂任务，所以该阶段可以用来构思。

（2）第二阶段：14:00~15:00PM。午饭后容易犯困，适合进行一些简单的工作，如收集资料。

（3）第三阶段：22:00~24:00PM。晚上洗澡之后，思路清晰，适合撰写文案。

为每个阶段都设定截止时间，就能够保证工作效率。

2. 大脑路演

计划设定得再完美，在实际执行的过程中都有可能遇到困难。因此，不仅要设置截止时间，还要在大脑中进行“路演”，将其一步步推演一遍，就可以检验计划的可行性。

延伸阅读

筛选高价值目标

为了提升学习与工作效率，人们需要在有限的时间内，尽可能完成更有价值的任务。这就需要迅速找出重点，以确定 20% 的高价值目标。

以提高学习成绩为例，20% 的高价值目标带来 80% 的成绩提升，也就是说，需要抓住学习重点。例如学习数学，20% 的高价值目标指的是掌握解题技巧，遇到同类型题目之后可以举一反三，而不应该将主要精力放在题海战术上。如果没有掌握解题技巧，那么做每道题都会遇到困难，反而浪费时间。

如下图所示，找出目标并坚决执行，需要分为三步走。

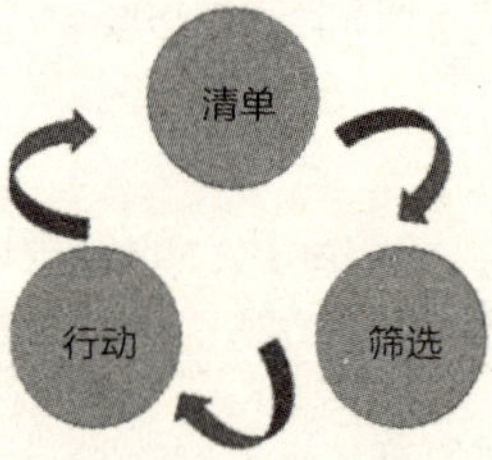

清单→筛选→行动

（1）清单——列出所有学习任务。

（2）筛选——选出现阶段最重要的学习任务。

（3）行动——立即执行，迅速提升学习成绩。

多维思考：全方位锻炼大脑

多维思考指的是从多角度考虑问题，这是一种全方位锻炼大脑思考功能区的方式。一般来说，人们很容易陷入思维定式，尤其是经验丰富的人，或者是自作聪明的人，认为自己的想法高人一等。这类人的思考角度比较单一，思维容易受到限制，并不利于大脑的开发。

某天，一位老师在课堂上提问："树上有 10 只鸟，猎人开枪打死了一只，还剩下几只？"

本来很简单的问题，却因为一个学生的提问，让整个课堂"炸锅"了。

该学生突然站起来问道："请问猎人用的是什么枪？"

老师回答说："来复枪。"

学生："射出的子弹是单粒子弹还是散弹？"

老师："单粒子弹。"

学生："枪声有多大？"

老师："80~100 分贝。"

学生："这些鸟里面有没有聋子，听不见？"

老师："没有。"

学生："这只鸟确定被打死了吗？"

老师："是的。"

学生："鸟有没有被关在笼子里面，然后被挂到树上？"

老师："没有。"

学生："有没有怀孕的？"

老师："没有。"

学生："旁边有没有别的树，别的树上还有没有鸟？"

老师："没有。"

学生："有没有受伤或饿得飞不动的鸟？"

老师："没有。"

学生："树上只有10只鸟？"

老师："是的。"

学生："有没有可能一枪打死两只鸟？"

老师："没有。"

……

这只是一个笑话，却展现了多维思考的重要性。对于学生或成年人来说，培养多维思考的能力很重要，尤其是在青少年没有形成思维定式之前，更多角度地思考问题，能够更好地激发大脑潜能。

具体的训练方法为：当别人告诉你一件事应该怎么做或告知你某件事的结果时，就需要在心里尽可能多地提出问题，将能想到的所有问题都列出来。

可以训练的思维方式有很多，如下面几种。

换位思维：是一种设身处地为他人着想，人与人之间相互理解的思维方式。

逆向思维：也叫求异思维，指的是对司空见惯的、似乎已经成为定论的事物或观点反过来思考的一种思维方式。

横向思维：是一种打破思维逻辑局限，横向扩展到更多领域的思考方式，目的在于创新思考。

发散思考：又称扩散思维，是指大脑在思考时呈现的一种扩散状态，表现为视野宽广，思维呈现多维发散状。

系统思维：是一种把认识对象作为系统，从系统和要素、要素和要素、系统和环境的相互联系和相互作用中综合地考察认识对象的一种思维方法。

移植思维：指的是把某一领域的科学技术成果运用到其他领域的一种创造性思维方式。

推理思维：逻辑思维的方式之一，有一个或几个已知的判断，推理出新的判断的过程，分为直接推理与间接推理。

分解思维：也称分离思维，是指一种将研究对象进行分解，使研究对象的本质属性和发展规律从复杂现象中暴露出来，从而理清思路的思维方法。

形象思维：指的是以直观形象和表象为支柱的思维过程。

类似的思维方式还有很多，在进行练习的时候，每次可以选择3种思维方式，分别提出3个问题。例如，“树上有10只鸟，猎人开枪打死了一只，还剩下几只？”换位思维：“这些鸟儿在欢快地歌唱，还是不要打扰它们了。”逆向思维：“鸟看到猎人，会不会先发制人，一起攻击他呢？”推理思维：“树上停着这么多鸟，附近肯定有鸟窝，仔细寻找一定会有更多的收获。”

多角度思维会刺激不同的脑区域，不断丰富人的想法。

延伸阅读

思维转换游戏

如下图所示，这个思维转换游戏来自芭芭拉·奥克利的著作《学习之道》。

请问：能否通过移动3枚硬币，重新组成一个顶角朝下的三角形？

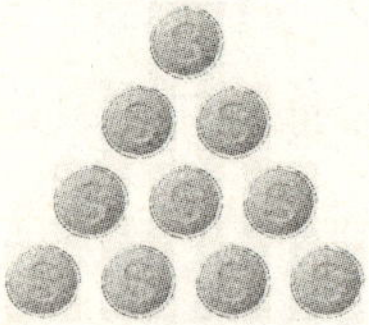

思维转换游戏

这道题考验的是如何从专注思维快速转换到发散思维，需要将大脑调整到放松状态，试着不要将注意力锁定在某一个点，也许会很快想出答案。对于这道题，很多孩子都能轻而易举地解出来，而一些老教授却对此一筹莫展，这是由于受到思维定式的影响。

先别急着放弃，给自己3分钟，实在想不出来再去看答案。

（参考答案见本书第194页）

假设你有5000元，试着把它们花光

假设你有5000元，如何在一天之内将它们花光呢？在一天内疯狂消费的行为可以有效锻炼大脑的思考功能区。但是这里的花钱指的不是大手大脚、不经过大脑思考的购物行为，因为这样做并不能刺激大脑思考功能区。

这里说的是理智消费，购买的商品既要价格合理，又要满足生活所需，这个过程势必会引发思考。

从大吃大喝开始永远是最简单的办法，只需要想一想去哪儿吃，吃什么就行了。如下图所示，进行一步步分析。这种思考过程并不复杂，但同样可以起到刺激大脑功能区的作用。假设吃喝花费了300元，接下来还需要花掉4700元（5000−300）。

鲁菜、川菜还是粤菜？ → 粤菜 → 粤菜哪家饭馆好吃？ → 汤城小厨 → 消费合计300元

消费思考过程

工作一个月了，犒劳一下自己，做一个SPA（水疗）消费500元，剩余4200元（4700−500）。

开始购物了，一般来说，都会从价格高的商品考虑，因为这样很容易花掉剩下的钱。然而，为了花钱而去随意买一件奢侈品，这是十分不理智的。因此继续思考：家里缺什么？如果现阶段什么都不缺，可以购置几套夏装。至此，买衣服又花掉了1000元，还剩余3200元（4200−1000）。

给孩子买点什么呢？可以给他报一个兴趣班，于是又花了1000元。此时，还剩余2200元（3200−1000)。

再给父亲买一双舒适的鞋子吧，于是又花了500元，还剩余1700元（2200−500）。

给老公买点什么呢？送他一双足球鞋吧，再减掉500元，还剩余1200元（1700−500）。

你会发现，越往后越费脑筋，因为实在想不起该买什么了。这时一定要提醒自己，千万不能随便花钱，否则刺激大脑思考功能区的效用就会被减弱。

大件都买完了，开始考虑买一些小商品。如果一时间想不起来，那就去一趟超市吧，视觉化会让人联想到更多需要买的东西。去超市转了一圈，又买了500元的商品。

这下就只剩700元（1200−500）了。实在不知道买什么了怎么办？如果绞尽脑汁也想不起来，还可以叫上三五好友大吃一顿，这样就会把剩下的钱花出去了。

列出6个三角形的物品：发挥你的联想能力

三角形在生活中是很常见的，如下图所示的三角形警示标。但是如果突然让你列出几个，你能立刻列出来吗？例如，三角形的路标、三角尺、衣架、埃菲尔铁塔、三角内裤……

三角形警示标

这种大脑训练方法可以任意延伸，如列出6个正方形的物体，列出50件自己喜欢的商品……你会发现，一旦有数量限定，平时很常见的物品也会突然想不起来。这项训练能够刺激大脑的思考功能区，同时激发联想能力。例如，列举三角形物体，你会充分展开想象，搜索记忆中一切与三角形相关的物品。

延伸阅读

图形联想

根据图形进行联想，可以有效锻炼大脑的视觉功能区。以三角形为例，完成下面几个问题。

（1）列举出尽可能多的三角形物体。

（2）根据列出的每样物体进行扩展联想。

下面举例说明。

（1）三角形物体：金字塔，如下图所示。

金字塔

（2）根据“金字塔”的图形，进行扩展联想。

金字塔是哪个国家的标志性建筑？ → 埃及，你能想到什么？ → 法老、金字塔、木乃伊、狮身人面像。 → 提到木乃伊，你会想到什么？

联想过程

一步步进行联想，然后根据每一个想到的知识点继续联想，从而充分激发大脑的潜能。

APP训练法 Brain PK——提升思考力的超脑游戏

本书介绍一款名为“Brain PK”的APP，中文名为“智斗”。这是一款在线脑力对战游戏，虽然游戏内容比较简单，但是对战的形式瞬间提升了游戏乐趣。更重要的是，这款游戏基于神经科学和心理学认知模式，针对大脑记忆力、注意力、反应速度等方面，设置了不同类型的小游戏，完全可以起到激发大脑潜能的作用。通过游戏中的训练模式，可以起到锻炼大脑的作用；通过联网对战模式，可以起到精进大脑的作用，不断挑战大脑各项潜能。在游戏结束之后，系统会根据每个人的成绩进行分析，通过数据展示出每个人的优势与劣势，从而帮助用户更好地认识自己，进行针对性的自我提升。

好了，准备让你的大脑迎接挑战吧！

下载 APP 之后进入登录页面，可以先点击右下角的“试玩”按钮体验一下，如果觉得还不错，可以点击左下角的“登录按钮”准备开始对战，如下图所示。

Brain PK APP登录界面

登录方式有多种，可以直接选择微信登录或 QQ 登录，如下图所示。

账号登录界面

在数据载入的过程中，可以看到界面下方的一行小字，这再次证明了本书的观点——大脑的能力是可以通过训练得到提升的！如下图所示。

数据加载界面

从下图中可以看到，通过这款小游戏，可以提升大脑几个方面的能力，包括反应速度、注意力、精准度、解决问题的能力、计算能力与记忆力。

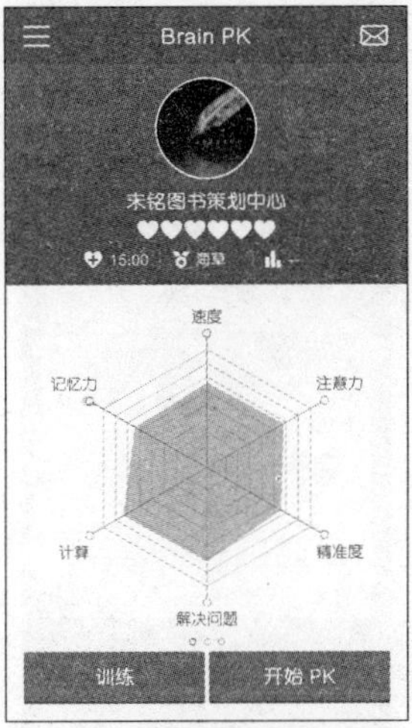

游戏开始界面

开始训练，本次训练的主题是“速度”。下面有3个游戏，都是测试大脑反应速度的，如下图所示。点击“芝麻开门”按钮开始训练。

训练说明界面

游戏开始之前会有具体提示，根据下图左上角小图的提示，点击页面大图中相应的位置即可。掌握规则之后，就可以开始练习了。

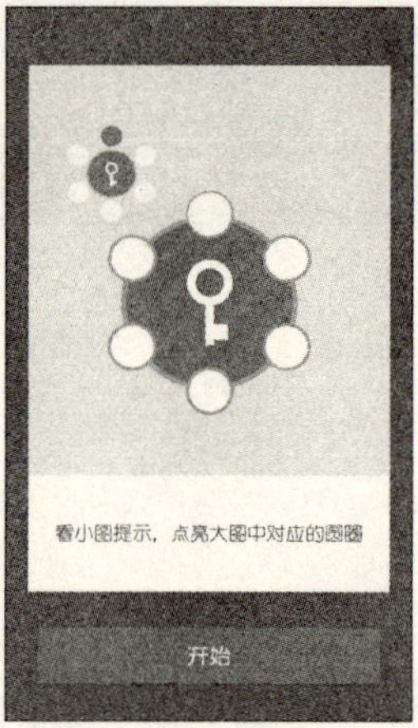

训练方法提示界面

下图是笔者的训练成绩单，正确率达 92%。接下来可以继续进行第二项训练，如果已经充满自信，就可以直接开始对战了。

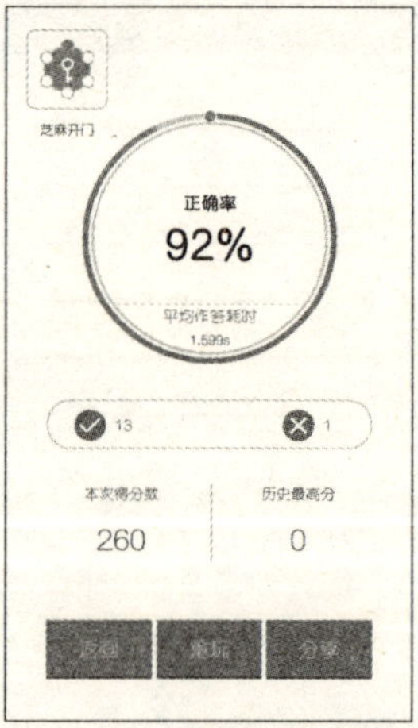

训练成绩界面

对战开始，系统联网匹配对手，如下图所示。

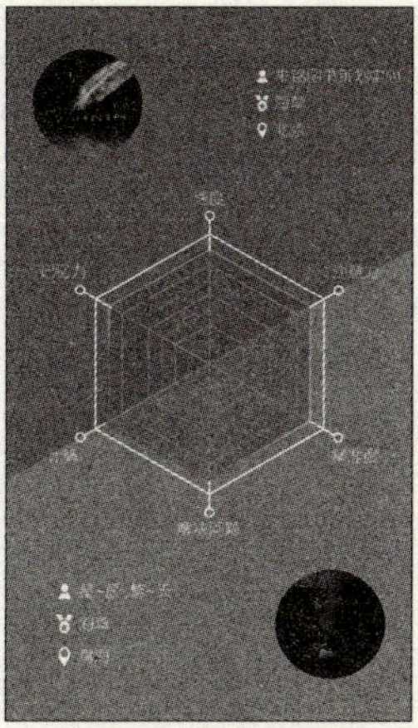

联网匹配对手界面

系统提供了 3 个对战游戏，按顺序进行 PK，如下图所示。

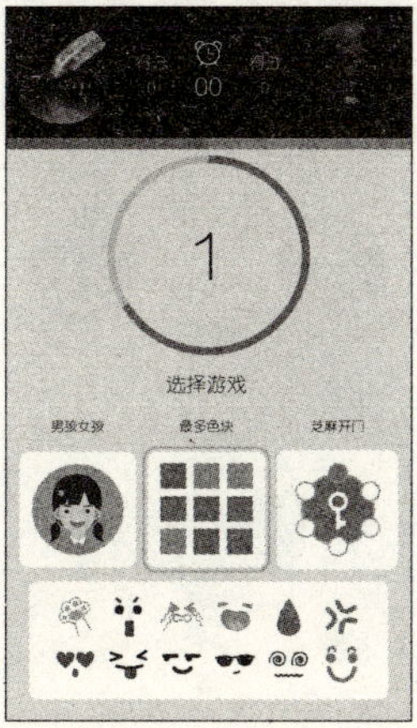

游戏选择界面

在正式开始之前，系统会介绍游戏的具体玩法，一定要看仔细，这也考验一个人短时间内的大脑理解能力。如下图所示，根据提示回答问题。提示的速度很快，所以必须集中注意力。

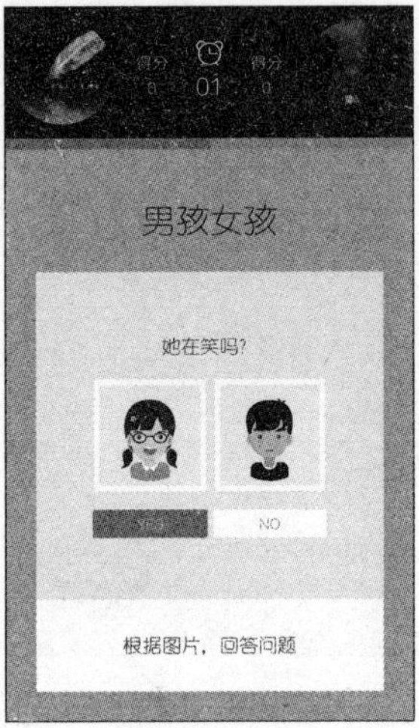

游戏过程界面

通过下图可以看出，对手只在“男孩女孩”的游戏中输了，应该也是犯了注意力不集中的错误，或是没有仔细看提示。

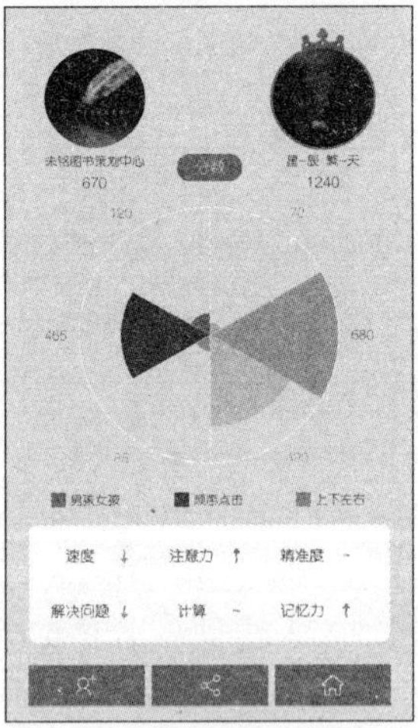

PK游戏结果界面

第四章

CHAPTER 4

大脑记忆功能区的快速训练法

大脑记忆功能区概述

大脑记忆功能区的主要作用在于对知识的记忆与情感的记忆，前者与大脑思考功能区紧密相连，后者则与大脑情感功能区紧密相连。

当在考试中碰到难题时，如果以前遇到过同类题目，大脑就会激活相关知识的记忆，从而很快想出解题方法；当看到某个欢乐场景时，如果经历过类似场景，内心受到冲击，大脑就会很快激活这一部分情感记忆。

需要说明的是，如果想刺激大脑记忆功能区，就必须关联知识记忆与情感记忆，这样才能收到效果。

通过听歌、看影视剧增强记忆力

相较于枯燥的英语学习，听歌、看影视剧是很多人更喜欢做的事。如果说这样也能提高记忆力，你会相信吗?

学习英语是锻炼记忆力的有效方式之一，其中，背英语单词就是一种训练方式。每天给自己20分钟集中精力背单词，能够有效锻炼记忆能力。每个人的记忆方式和习惯都不一样。有位同学选择每天在上学、放学的路上背单词，他给自己限定的时间是20分钟。之所以要限定时间，就是给自己施加压力，这样在既定时间内更容易集中精力。如果时间制定得过长，就很难保证效率。例如，用60分钟背单词，那么在此过程中很容易出现分心、走神的情况。为什么不限定为15分钟?因为经过长时间的练习，该同学总结出了适合自己的时间与方法。在20分钟之内，他背诵的效率最高，能够记住30个单词。每天放学的路上，他会利用同样的方法巩固上学路上的记忆成果，将每天背诵的30个单词牢牢记在脑中。

听英文歌曲同样是一种练习记忆力的方法。现在很多年轻人都喜欢听国外的流行歌曲，但是很多人只是欣赏其优美的旋律，而没有试着去理解歌词的含义。这种没有与知识相连的方法，很难刺激到大脑思考功能区。好听的歌曲人们都想要跟着哼唱，也会激发人们理解歌曲含义的欲望。这时，很感兴趣的人就会上网查歌词，学习一些不认识的英文单词，这个过程就可以反复锻炼大脑思考功能区。当人们对歌词熟悉之后，就开始跟着哼唱，因为已经知道歌曲的含义，所以会越唱越熟练，记忆力也会得到反复锻炼。

看英文影视剧也能起到同样的效果。奥地利心理学家马库斯·艾派勒做过一项实验，将参与实验的人分成两组，完成智力题，然后安排第一组受试者观看偶像剧，第二组受试者观看“烧脑”美剧。看完后再做智力题。结果显示，看偶像剧的第一组答题速度变慢，分数下降；看美剧的第二组综合成绩不变。对此，马库斯·艾派勒解释说：“偶像剧里相对简单化的社会背景和简单的对白，会在不知不觉中影响观众的思维方式、判断能力和逻辑性。”

心理学中有一个术语称为近因效应，指的是人会受到最新环境因素的影响。持续看某种类型的电视剧后，剧中人物的说话语气、思维方式都会在观看者身上有所体现。因此，如果想要锻炼大脑，在看英文影视剧时也要选好类型，“烧脑”的推理片、悬疑片等这些高智商影片能够更好地训练大脑思考功能区。

延伸阅读

背诵时大声读出来

研究显示，在心中默记的效果不如大声朗读出来。因为读出声音后，信息更容易在脑中扎根。所以在听英文歌的时候，跟着哼唱；在看英文影视剧的时候，可以看两遍，第一遍欣赏，第二遍跟着演员一起读对白，以此加深对单词、语法的记忆。

为他人做一份自助游攻略：让回忆充分刺激大脑神经

旅行是一件开心的事，尤其是自助游，想去哪里随心而动，非常惬意。跟团游虽然无聊，但是省心省力，自助游则比较劳神费力。尤其是出发之前制订旅游攻略的环节，对于某些人来说就没那么开心了，反而成为一种折磨。然而，自助游也有好处，那就是可以锻炼大脑。如果想提高记忆力，还有一种不错的方式就是帮助别人制订旅游攻略。

因为之前去过某个地方，所以再次制订旅游攻略时，不会像第一次那么累，同时还会唤醒你的记忆力。你需要绞尽脑汁地把那些好玩的地方都写出来，同时过滤掉不好玩的地方。你需要考虑的事情有很多，如对方的出行人数、旅行偏好，是想要吃得好，还是住得好，抑或是玩得好。你要像旅行社的工作人员那样思考，制订详细计划。你需要回忆当初去过的景点，介绍它们的特色，但要客观一点，不能带有主观偏见。也许你喜欢建筑，而对方喜欢风景，所以需要充分考虑到他人的喜好。因为是自助游，你还需要制订具体的出行路线、乘车方式，而不能简单地告诉同伴“打车吧”。需要你考虑的问题太多了，制订一份详尽的旅行计划之后，相信你的大脑一定能得到充分的锻炼。

还有一种训练方式也跟旅行相关，就是不带攻略去旅行。这里指的是不随身携带攻略，而不是一点都不做准备。虽然不带攻略会浪费时间，然而却可以很好地锻炼大脑的记忆能力。因为不随身携带旅游攻略，所以只能通过提前准备，将具体的路线、景点等信息记在大脑中。抵达目的地之后，再将之前储存在大脑中的相关信息提取出来。例如，去北京的故宫游览，去之前肯定要查看路线和交通。你会回忆以前的行程，故宫附近有没有地铁，坐几路车能到；如果自驾游，附近有没有停车位……这些信息都会被你从脑海中提取出来，你会非常努力地回忆。

这种方式不仅可以锻炼大脑记忆功能区，还可能给你带来一次与众不同的旅行。这是一种主动思考的方式，需要努力获取记忆中的信息，而制订旅游攻略回忆之前行程的方式，则属于被动思考。很显然，前者能够更好地刺激大脑。

延伸阅读

别称记忆法

别称记忆法也称为别名记忆法，适合记录地名，由其联想到著名的旅游景点。很多城市、景点由于受气候、地形、土壤及其他人文因素的影响，会根据其特色起一个很形象的别名，这就是所谓的别称。例如重庆市，城市依山而建，因此也称为“山城”。还可以由此联想到一些与山有关的景点，如南山风景区等。

形象记忆法：一切都会以有趣的形式被记住

形象记忆法也称为图像记忆法，是将一切需要记忆的事物，特别是那些抽象难记的事物形象化，用直观形象的方法记忆。

美国“图论算法”学者哈拉里有一句名言：“千言万语不及一张图。”一句话点明了形象记忆的重要作用。根据日本创造工学研究所所长中山正和的推算，一般人“记忆中的语言信息量和形象信息量的比例为1:1000”。由于图像与右脑的视觉中枢直接相关，因此图像对于提高记忆力来说非常重要。视觉区域的作用在于强化记忆，图像可以充分利用该区域压缩简化比较难以记忆的概念和事物。据说马克·吐温在演讲时总是准备一张纸，将一些关键词、知识点都画在上面。这就是他的记忆秘诀——形象记忆法。

通过视觉记忆，人会很轻松地记住所看到的东西。假设让你记住几样家居饰品的特征，如电视机、台灯、墙纸、家具、地板。如果只是根据关键词记忆，效果并不好，可能几天之后就会忘记，但是如果在你走进房间，看到了这些东西后，就会很快识别并记住它们的特征。通过视觉记忆，短短几分钟之内大脑就会保留上千条信息，并在未来数周内都不容易忘掉。下面介绍几种具体的操作方法。

1. 建立形象模型

建立形象模型指的是通过图形、标本、模型等工具让事物具体化，从而辅助记忆。可以根据每个人的偏好进行记忆。例如，作为一名资深的“吃货”，想记住中国的地名，那么就可以以下面这种方式建立形象模型。

北京→烤鸭

山西→刀削面

新疆→羊肉串、大盘鸡

甘肃→兰州拉面

海南→海鲜

……

通过上面这些形象模型，是不是很快就记住了呢？

2. 联想记忆法

联想记忆法是通过联想自己熟悉的事物进行记忆的方法。例如，要记住世界各地首都的名称，以西班牙为例，你会想到什么呢？如果你是一个足球迷，就一定会知道大名鼎鼎的皇家马德里队，那么“马德里”这个答案就会被牢牢刻在脑海中，这就是联想记忆法。

3. 形象比喻法

通过用自己熟悉的事物进行比喻，以此加深记忆。这样做的目的是让所记事物更直观，更生动，进而在大脑中留下具体完整的形象。例如，一名学生试图记住地球的内部结构，即分为三部分的地壳、地幔和地核。不好记怎么办？可以将地球比作鸡蛋，地壳就相当于鸡蛋壳，地幔就如同蛋白，地核则是蛋黄。

进行比喻的过程同时也是思考的过程，需要联想到自己熟悉的事物，然后找出与之相似的点，大脑会在这个过程中得到锻炼。

延伸阅读

指关节记月份

你知道哪几个月有31天吗？有一句顺口溜：一三五七八十腊，三十一天永不差！如果你不知道这句顺口溜，那么可能每次都要通过查日历才能知道。这里介绍一种很有趣的记忆方法，即通过凸起的指关节进行记忆。

两手握拳，从左到右，凸起的指关节分别代表1月、3月、5月、7月、8月、10月、12月，这些都是有31天的月份，如下图所示。通过这种生动形象的方法，即使不知道那句顺口溜，也能够很快记住。

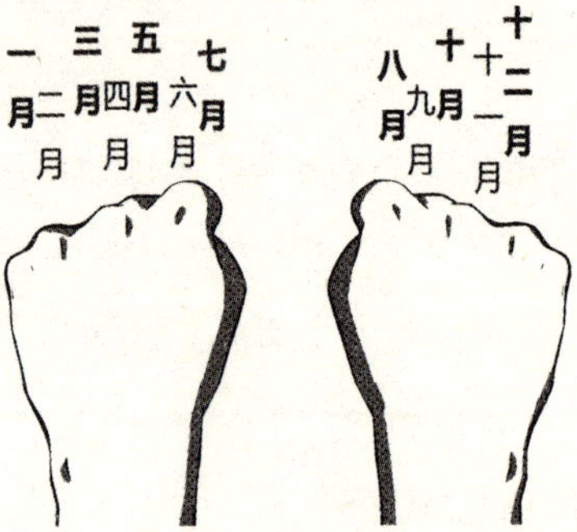

指关节记忆法

记忆宫殿法：把工作任务编成口诀

记忆宫殿法也称为宫殿记忆法，由中世纪的一个传教士发明，是一种快速记忆的方法。该方法指的是当需要记忆的内容过多时，可以把大脑想象成一座宫殿，里面有很多房间，每个房间又有很多格子，把需要记忆的东西都放在里面，需要的时候通过联想提取出来。关于记忆宫殿法，有一个传说。一位古希腊诗人西蒙尼德斯，在一次宴会上朗诵了一首抒情诗之后走出了大厅。正在此时，宴会厅坍塌了，厅内所有宾客都被砸死，而且尸体模糊难辨。可是西蒙尼德斯却根据每个死者在厅内的座位，将尸体一一辨认出来。

“记忆宫殿”是一种比喻，象征着人们熟悉的、能够轻易地想起来的任何地方，如住所、每天的通勤路线等。这些信息经常会用到，人们将之储存于大脑中，便于随时调取。记忆宫殿法适合记忆无关联的事物，如面包、牛奶、鸡蛋、麦片。首先，设置熟悉的场景——家。其次，走过熟悉的场景，联想上述物品。早上起床之后，来到厨房做早餐，拿出面包，之后再从冰箱里拿出牛奶与鸡蛋。来到灶台前点火煎鸡蛋，然后回到客厅冲一杯麦片。这是每天早上必走的流程，因此很容易记住上述几件事物。

使用记忆宫殿法的关键步骤如下。

1. 选择“宫殿”

使用记忆宫殿法，需要选择一个熟悉的地方。例如自己的家，因为能够清楚地记得家里物品的摆放方式和位置，家具所在的位置，以及其他一切细节。

2. 设定路线

选好“宫殿”之后，就要选择一条熟悉的路线，路线中出现的事物都将有助于记忆。

3. 选择标志物

选择一些特征明显的标志物，如客厅中挂的一幅名画，茶几上的精美花瓶等。根据这些标志物进行记忆，每一个标志物都将成为一个“记忆槽”，用来储存特定的信息。

4. 按照路线预演一遍

在大脑中，根据所选路线走一遍，当看到标志物时，大声地说出来以加深记忆。这是一种大脑预演的方式，路线可以反复走好几遍，直到记住为止。

5. 在纸上画出来

手写有助于增强记忆，所以当你在大脑中将路线走完一遍之后，为了增强记忆，在纸上画一个草图，这样就会让记忆效果最大化。

延伸阅读

找到放松方式，激活发散思维

为了提高记忆力，需要调动大脑的多个区域，如思考功能区、视觉功能区、听觉功能区、运动功能区等。可以试着在屋里来回踱步，或者出门走一圈，也可以听一会儿音乐，看一部美剧。利用这些方式可以从专注思维转变到发散思维，起到放松的作用。找到适合自己的放松方式，不要怕耽误时间，放松是为了更高效地学习、工作，同时也有助于增强记忆力。

间隔记忆法：从临时记忆转为长期记忆

间隔记忆法指的是分阶段记忆。例如背单词，上学的时候背一遍，放学的时候再复习一遍，这样就能够加深记忆。相关研究表明，记忆某件事情的时候，如果在某段时间内连续记忆，如一晚上背20次，远不如在一天之内分成几个阶段记忆的效果更好。就好比砌墙，抹完水泥之后，如果不间隔一段时间让水泥干燥，那么怎么能形成坚固的结构呢？

大脑遗忘的速度是很快的。德国著名的心理学家艾宾浩斯在1885年做过一项测试，让被试者记忆100个新单词，结果如下表所示。

记忆实验结果表

时间间隔	记忆量
刚刚记忆完毕	100%
20分钟后	58.2%
60分钟后	44.2%
8.8小时后	35.8%
1天后	33.7%
2天后	27.8%
8天后	25.4%
1个月后	21.1%

根据统计结果，艾宾浩斯描绘出一条曲线，这就是非常有名的、揭示遗忘规律的曲线“艾宾浩斯遗忘曲线”，如下图所示。

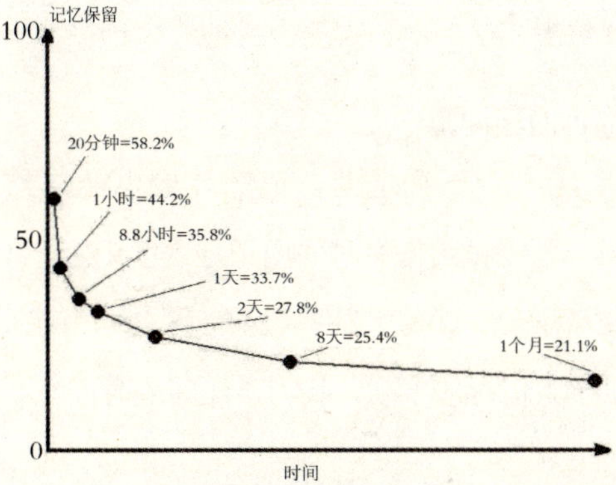

艾宾浩斯遗忘曲线

图中竖轴表示记住的单词数量，横轴表示时间（天数），曲线表示记忆量变化的规律。

艾宾浩斯遗忘曲线告诉人们，学习中的遗忘是有规律的，临时记忆将会以先快后慢的速度消失。根据对这条曲线的观察，会发现新知识在1天后如果没有得到巩固，就只能记住原来的33.7%。而间隔记忆法的目的就是让临时记忆变为长期记忆，在此过程中能够充分锻炼大脑的记忆能力。

将临时记忆变为长期记忆，有两个前提：一是便于记忆，二是间隔重复。过于复杂的内容并不容易转为长期记忆，需要先将其简化。除此之外，最重要的就是间隔重复的技巧，即使是生命中一些重要的时刻，一些难以忘怀的记忆，也需要通过不断重复才能被牢牢地记在脑海中。

那么，如何进行间隔记忆呢？

1. 书写与朗读

书写与朗读的方式都有助于加深记忆。可以先将需要记忆的内容写在本子上，然后大声朗读出来，并且每隔一段时间这样重复一次。随着记忆的加深，延长记忆的间隔时间。例如，最开始每隔两小时记忆一次，之后延长到每天记忆一次，直到内容被牢牢地记在大脑中。

2. 材料穿插、时间间隔

内容相似性越大，干扰越大，记忆效果也就越差。因此，在学习、工作的时候，不要试图在短时间内记住太多内容，所谓“贪多嚼不烂”，一定要交替学习，保持大脑各个功能区的兴奋状态，从而提高记忆效果。根据每个人情况的不同，找出最佳间隔时间。

延伸阅读

口诀式记忆法

想要提高记忆力，最好的方法是找一些记忆窍门，背口诀就是其中之一。例如前面讲述的记忆哪几个月有31天，通过顺口溜式的口诀就能轻易记住。

针对想要记忆的内容，先搜索一下有没有窍门。如果没有，就自己根据材料进行联想，找到适合自己的窍门。例如，学习数学公式或背诵英文单词的时候，将材料编成一首朗朗上口的歌，会更加便于记忆。

交替记忆法：利用非单一刺激增强记忆力

这是一种交替记忆材料的方法。长时间记忆单一学科的效果并不好，因为相同性质的材料对脑神经的刺激过于单调，时间久了大脑就会产生疲劳，之前的兴奋状态也会转变为抑制状态。具体表现为注意力无法集中，记忆力减弱等。

俄国作家车尔尼雪夫斯基说过：“变换工作就等于休息。”正确的方法是，无论是学习一门知识，还是从事某项脑力工作，每隔60分钟休息一次，或者进行任务切换。例如，学习英语1小时之后，做几道数学题，这样有助于“转换大脑的兴奋中心”，增强记忆效果。

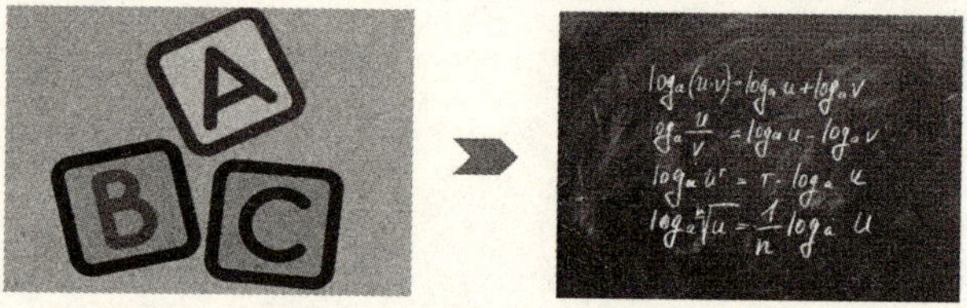

学习项目切换

心理学研究显示，在记忆过程中，先记忆的事物对后记忆的事物有抑制作用，反之亦然。假如一位HR（人力资源经理）一天面试了7位应聘者，如果抛开能力、经验、外貌等因素，那么印象最深的应该是第一位与最后一位应聘者，因为这两人只受到单向抑制影响，而中间的5位应聘者则受到双向抑制影响，所以HR对他们的记忆并没有那么深刻。

要想降低这种抑制作用，可以采用间隔法。也就是打乱记忆序列，安排非记忆的活动，这样开头和结尾增多，中间部分减少，记忆力的抑制性就被大大削弱了。例如，一天安排了7个人前来面试，可以先面试两个人，然后去做其他工作；过段时间后再面试3个人，再去做其他工作；最后再面试剩余的两个人。这就相当于不同事项交替进行，避免过多地接受单一刺激，从而提高记忆功效。

还有一些交替记忆的小技巧。例如，工作一段时间就休息一下，喝杯咖啡，去一趟卫生间，穿插一些其他活动，有助于更好地记忆。另外，午睡是很有效的技巧，可以将上午的记忆序列打断，变成上、下午两个记忆序列。而且午睡之后，上、下午之间的抑制性下降到最低限度，同时精力也得到恢复，可以更好地投入学习与工作之中。

延伸阅读

多通道记忆

所谓多通道记忆，指的是通过多种感知觉方式协同记忆，如视觉、听觉、触觉等协同使用。这种多通道记忆方式要比单通道记忆方式的效果好得多。

例如，记忆同一种事物，试试单独通过视觉或听觉进行记忆，再试试通过视觉和听觉两种感知方式共同记忆，最终对比一下两种记忆方式的效果。你会发现，视觉与听觉相结合的方式记忆效果是最好的。原苏联心理学家沙尔达科夫的实验证明：只听不看的记忆能力是60%，只看不听的记忆能力是70%，既看又听的记忆能力是86%。

共同点回忆法：在熟人与陌生人之间寻找共同点

共同点回忆法是锻炼大脑记忆功能的一种方法，它是将过去储存在大脑中的信息与现在的信息进行对比，找出二者之间的交集，也就是所谓的共同点。这种方法可以有效锻炼大脑的记忆功能。在回忆以往信息的时候，人脑会开启回忆功能，同时分析之前与现在的共同点。一般来说，这种方法的参照物是陌生人与熟识的人，通过回忆生人与熟人之间的共同点来加深记忆。如果想要找到完全没有交集的人的共同点会有一定难度，需要不断进行思考，充分锻炼大脑的记忆能力。

这种方法对工作还是很有用的，尤其是对具有复杂人际关系的人士来说。做生意讲的就是人际关系，如果是销售人员，每天要见很多客户，很难将每个人都记住。但假如你是客户，在第二次遇到之前的销售人员时，他连你的名字都没记住，你还愿意跟他做生意吗？

像销售人员这类需要建立大量人际关系的职业，他们需要做的不仅是记住对方的名字，还需要记住更多的客户信息，这样才能迅速找到谈资，切入更多话题。共同点回忆法对他们来说，真是再合适不过了。

共同点回忆法具体的训练方法如下。

（1）当遇见陌生人时，仔细观察对方，然后回忆自己认识的某个人。

（2）仔细观察，寻找眼前这个人与认识的人之间的共同点。

例如，当遇见客户A先生之后，不着痕迹地观察对方，在脑中立刻寻找他与自己认识的人之间的共同点。如经过一番打量之后，发现“他的脖子很短，有点像高中的小王，那时大家都叫他‘短脖王’”。经过回忆，迅速想起了高中同学小王，因为两人的脖子都很短，这是他们的共同点。同时通过“短脖王”这个绰号，加深了对二者的印象。在这个回忆的过程中，既锻炼了大脑的记忆功能区域，又加深了对客户的印象。

延伸阅读

新旧对比记忆法

当你尝试记忆某种新鲜事物时，将其与已知事物联系起来形成对比的方法更有助于记忆。例如，你想记住一个新单词sapid（有趣的），因为之前已经知道vapid（无趣的）这个单词了，所以在记忆新单词的时候，将两者比较一下就会发现，两者只有首字母不同，而意思是相对的，这样根据vapid记忆sapid，就会容易得多。

肌肉记忆法：手脑并用增强记忆力

前面已经提到过，多种方式的协同记忆效果最好，类似动手书写的这种肌肉记忆法，也能刺激大脑，有效提高记忆力。

虽然APP、办公软件等可以提高工作效率，然而对于需要记忆的内容，建议用手写的方式，因为这样可以加深记忆。

对于学生来说，手写记忆的方式很重要。通过记笔记的方式，有助于将难懂的知识点分解为一个个小的组块，更便于理解与记忆。以解答数学题为例，如果只是看着一个方程式思考，可能很久都没有思路，一旦拿起笔在纸上开始计算，就会发现思路瞬间灵活起来。

进行肌肉记忆的另一种方式就是加强体育锻炼。相关科学实验已经证明，规律性锻炼能够有效提高学习力与记忆力。经常锻炼，有助于大脑记忆功能区形成新的神经元。如果想保持大脑的活跃度，那么经常锻炼非常重要。

延伸阅读

故事记忆法

故事记忆法也称链接记忆法，就是通过编故事的形式，将想要记住的事串联起来。这种训练方法同时还可以锻炼想象力，也会从某种程度上提高个人情商。一个会讲故事的人，通常比较有趣。

使用链接记忆法时，一定要注意所想象的故事顺序。有一种比较简单的方法，就是按照词语的顺序去编故事。举一个例子，你看到一个漂亮的小姐姐在夏日雨夜中等公交车。她打着一把粉色的雨伞，伞上面画着一只大猫咪，这一幕看起来非常浪漫。

第一步你需要确定记忆关键词的顺序：漂亮的小姐姐、夏日雨夜、公交车、画着猫咪的粉色雨伞。

第二步就是展开想象，按照关键词的顺序编一个故事出来。需要注意的是，编故事要有逻辑，要能够与自己的经历联系起来。

例如下面这个故事。

那天放学回家，天色已晚，我在街上见到了一位很漂亮的小姐姐，我记得那是一年夏天，天空中飘着小雨，小姐姐在街边等公交车。她打着一把粉色的雨伞，伞上面画着一只可爱的猫咪。

那一幕深深地印在了我的脑海中，因为我觉得太有诗意了。我也因此爱上了摄影，每年夏天的雨夜我都会出去拍照，找寻当年记忆的影子。

在这个故事中，联想的人将故事与自己的兴趣爱好联系了起来，也就是摄影，这样才能更好地进行记忆。

APP训练法　记忆力训练——成为记忆大师的辅助训练法

这是一款名为“记忆力训练”的 APP，看名称并不吸引人，但是在华为的应用下载商店中，它的下载量高达几十万次，如下图所示。名副其实，这款 APP 确实包含了很多训练记忆力的方法。

“记忆力训练”华为应用下载界面

下载完成后进入界面，发现跟这款 APP 极其简化的名称一样，游戏也非常简单，如下图所示。

游戏进入界面

只需要找出新出现的图标就行了，但是注意提示中标示的图标数量，一共 54 个，如下图所示。

游戏开始界面

开始游戏，每增加一关，就会增加一个新图标，如下图所示。

游戏界面

随着图标不断增加，就到了考验记忆力的时候，开始可能还觉得很简单，后边会逐渐感觉到难度。第 16 关的时候，笔者点错了图标导致游戏结束，如下图所示。

游戏结束界面

通过反复练习，能记住的图标数量会越来越多，记忆能力也会越来越强。需要注意的是，记忆能力是通过不断练习逐渐增强的，不要妄图“一口吃成个胖子”。

下面再来介绍一下“记忆力训练”这款APP的另外两种训练方式。

1.Dual N-Back

在“记忆力训练”这款APP中，还嵌入了风靡欧美的Dual N-Back游戏，这款游戏可以有效提升玩家的记忆力与智力。

PNAS是《美国科学院院报》的英文缩写，这是世界公认的四大名刊之一。该期刊发布过一项重要的科学研究，一种名为“Dual N-Back”的记忆力锻炼方法，能够有效提高速记能力和活体智力（Fluid Intelligence）。此次的研究发现在后来被无数次证实，其科学价值很高，因为在这之前人们普遍认为智商是不可改变的。

如下图所示，点击界面中的“N-Back”图标，进入游戏。

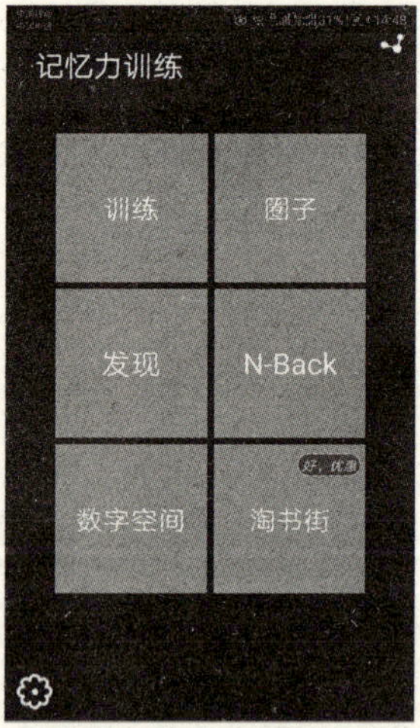

游戏进入界面

开始之前先点击“帮助”了解具体规则，如下图所示。

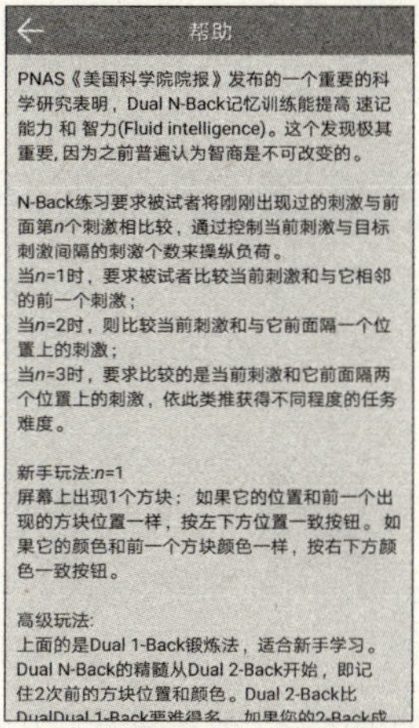

游戏帮助界面

在看完游戏规则之后，开始挑战。第一级别很容易，如下图所示，只需记住上一次出现的方格的颜色与位置。如果位置一致就点击左下角图标，得分；如果颜色一致就点击右下角图标，得分。

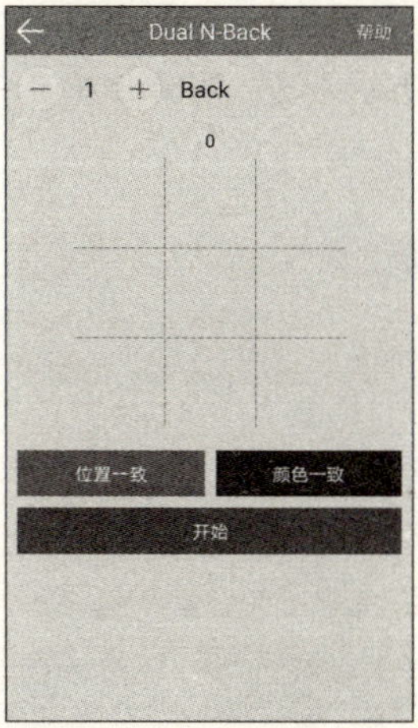

游戏开始界面

举例来说，下图显示的是橘色方块，下一次再出现橘色方块，无论在哪个位置，都可以点击“颜色一致”按钮；如果下一次还在同样位置出现其他颜色的方块，那么就点击“位置一致”按钮。

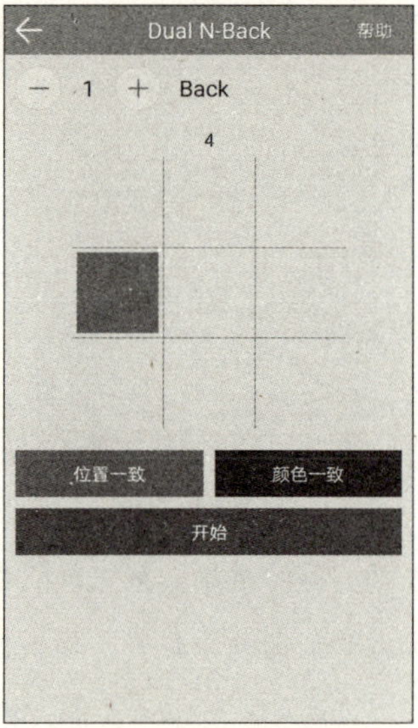

游戏进行中界面

这个游戏一共分为9个级别，根据自身实力逐渐增加难度，能够有效锻炼记忆力与智力水平。

下图是笔者玩第三遍的成绩。

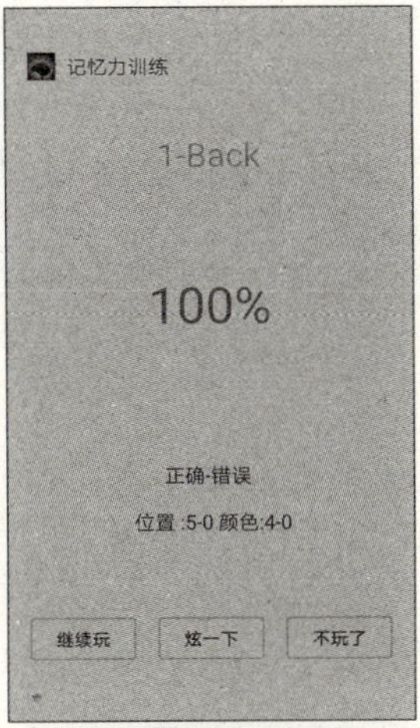

游戏结束界面

2. 数字空间

“记忆力训练”这款APP还有第三种训练方法，称为“数字空间”练习。点击下图中左下角的“数字空间”图标进入游戏。

游戏进入界面

游戏规则很简单，如下图所示，记住数字位置，然后由小到大点击数字即可。

游戏开始界面

例如，如下图所示，一共有 6 个数字，分别记住它们的位置。

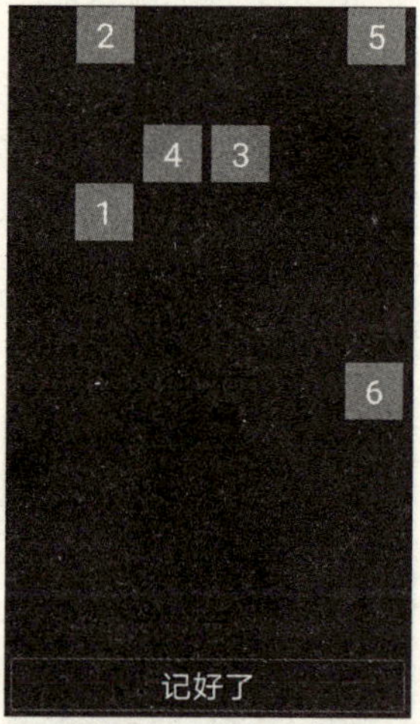

游戏进行中界面（1）

然后在空白方格内由小到大填入对应数字（按照从 1 到 6 的顺序），如下图所示。

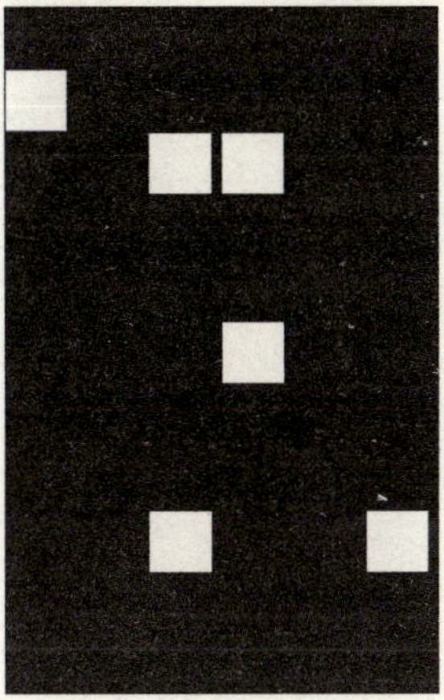

游戏进行中界面（2）

只需成功记住前面的数字，最后一个不用特意记忆，避免过多地消耗精力。因为如果前面的数字都选对了，那么余下的就是最后一个数字，如下图所示。

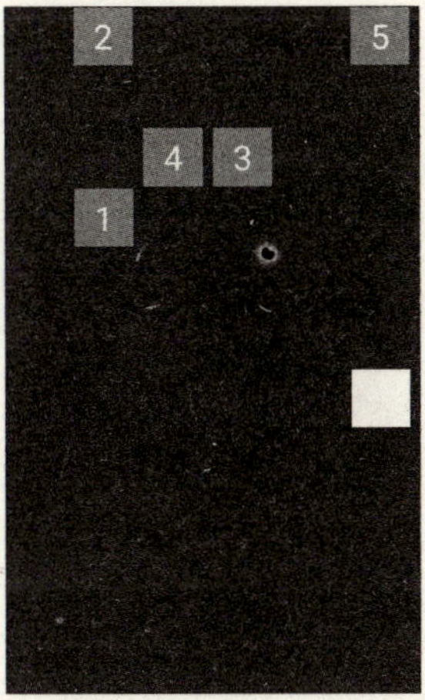

游戏进行中界面（3）

挑战成功，如下图所示，可以进行下一关或结束游戏。

挑战成功界面

第五章

CHAPTER 5

大脑情感功能区的快速训练法

大脑情感功能区概述

人的大脑中有一个控制情感的“扁桃体”，位于脑部情感功能区的中心位置。当听到一些判断性质的或明确回答的表述，如“我喜欢你”这类句子时，左脑的情感功能区就会受刺激；如果是表示犹豫不决的句子，如“我也许有点喜欢你”，右脑的情感功能区则会受刺激。

加藤俊德博士通过分析大脑的影像得出结论，大脑情感功能区随着人类寿命的增长而成长，不容易出现衰退现象。也就是说，人能活多久，该区域就会一起成长多久，这一点区别于其他大脑功能区。这很容易理解，以演员为例，大多数演员的演技都是随着年龄的增长而提高的。如果你将钟情的某个明星所有的影片找出来看一遍，会很容易发现，其年轻时的稚嫩演技与成熟后的娴熟演技之间的差距。这都是由大脑情感功能区的不断成长所致的。

大脑情感功能区还有控制情绪的作用，这一点对人们来说至关重要：很多脾气暴躁的人遇到事情没办法控制情绪，容易造成人际关系的恶化。大脑情感功能区与大脑思考功能区紧密相连，思维越活跃，情感也就越兴奋；如果过于理性地思考，就会抑制情感。反过来说，情感波动较大的人，其思维也容易异常活跃，不好控制。这类人应该多锻炼大脑情感功能区，学会控制情绪，培养平和的心态，这对今后的工作与人际关系都有好处。

避免生气造成的大脑疲劳感

生气伤身，同时还会造成大脑疲劳。曾有一位病友在网上留言：一生气脑子就不好使，连续好几天情绪低落，无心工作，反应变慢。据英国《每日邮报》报道，俄罗斯科学家对具有侵略性行为的老鼠的大脑进行分析，一只在打斗中获胜的老鼠，会变得更加容易愤怒，并在大脑中形成新的神经细胞。研究还显示，参与多次打斗的老鼠更容易变得焦虑，行为反复，与其他老鼠的沟通能力下降，这些特征与人类的孤独症患者十分相似。①

当人们的身体感觉不舒服时，思考能力和情绪控制能力就会下降，很容易显现类似愤怒的负面情绪，这证明了大脑情感功能区与大脑思考功能区是紧密相连的。大脑疲劳是一件很严重的事情，虽然自己的身体可能还没有意识到这一点，但是它会在潜意识中影响人们的学习成绩和工作效率。身体疲劳很容易察觉，如踢了一场足球比赛之后，肌肉酸疼，这是非常明显的症状。但是大脑疲劳的症状并不易引起人的察觉，如学习的时候，偶尔感到没有解题思路，书也看不进去；工作的时候，效率很低，写出的文案连自己都看不下去……因此，人们一定要重视起来，有所警觉，尤其不要生气。每天出门上学之前，或者是进入办公室之前，都应该提醒自己，今天无论面对多么难缠的人、难解决的事，都尽量不要生气。这种在潜意识中的提醒能够起到警示的作用，大脑皮层会执行这种指令，也会有意识地避免情绪波动。如果遇到无法避免的争执，最好的方式就是尽快结束这种状况。

踢球就是很好的例子，如果是激烈的比赛，经常会发生肢体碰撞，就很容易演变为冲突，如跟对方发生激烈的争吵。然后你会发现，再次投入比赛时很难控制情绪，要么因为报复对方而领到黄牌，要么就是比赛时思路不清晰，没办法组织有效进攻。

当今社会竞争激烈，无论是学生还是职场人士，很多人都会出现大脑疲劳的状况，这就需要人们及时放松大脑，重新为大脑注入活力。人们每天都可能会遇到数次生气、焦虑的情况，如早上挤不上地铁、开车上班堵在路上、遇到难题没有思路、碰上胡搅蛮缠的客户……如果没有

① 悠悠. 最新研究表明：生气会改变大脑结构[EB/OL].http://tech.qq.com/a/20160207/007253.htm，2016-02-07.

意识到应提前给大脑皮层下达安抚指令，任何一种情况都很容易让人的肾上腺素飙升，最终出现情绪失控的局面。

小心情绪失控

在此教给大家4个动作，可以有效控制自己的情绪。

（1）向后转。

（2）慢慢地做3次深呼吸。

（3）轻轻地走路。

（4）如果坐在椅子上，请暂时从座位上离开。

这几个动作可以促进血清胺分泌，而血清胺能够给受伤的大脑带来最好的恢复。

延伸阅读

大脑疲劳的信号

出现以下状态，就说明你的大脑疲劳了：

早晨不想起床；

在学习、工作、生活中无法集中注意力；

难以入睡，多梦，经常起夜；

忘性变大，经常丢三落四；

莫名烦躁，为小事生气；

浑身乏力，无精打采；

不愿说话，食欲变差。

回忆最近让自己开心的3件事

还有什么是能让大脑情感功能区迅速活跃起来的？当然是开心的事。但是现代人的学习、工作压力都很大，每天烦恼的事一大堆，开心的事没几件。

那怎么办？回忆！

然而，回忆是讲究技巧的，因为人们总是善于记住不开心的事。加拿大科学家研究发现，相比令人愉快的事件，人们对造成心灵创伤事件的回忆更加清晰。

加拿大达尔豪斯大学的研究人员耗时5年，针对29人进行了问卷调查。虽然受测者人数不多，但是这些人都经历过严重的心灵创伤。他们在接受调查前的几个月刚刚经历了惨痛的遭遇，身心受到了严重创伤，如遭到性侵犯或家庭暴力等。研究人员要求受测者回忆过往的一些细节，包括开心的事与所遭受的创伤事件，3个月之后做第二次调查，4~5年之后做第三次调查。研究人员将回忆事件细节的清晰程度的最高分值设定为36分，结果受测者回忆创伤事件的平均分达到30分，回忆开心事件的平均分只有15分。主导该项目的斯蒂芬·波特教授说："我认为这很明显，这些（创伤）事件真的深入人们的脑海，他们（受测者）总是受这些事件的折磨。"尤其是在青少年时期，如果在人们心智、阅历都不成熟的时候遭受创伤事件，那么很长时间都无法忘记。

既然人们对创伤事件记忆更深，那么相反地，对开心事件的回忆难度就会越大。在某种程度上说明，人们只有更加努力地回忆开心的事，才能让愉悦的记忆战胜痛苦的记忆。这个过程能够很好地刺激大脑情感功能区。当人感到不开心的时候，回忆最近让人开心的3件事（也可以是更多件）。通过这种方式，利用过去的愉悦记忆控制当下的情感。无论此刻的情绪是平淡还是悲伤，是生气还是焦虑，以往那些令人开心的事都能起到刺激大脑的作用，让大脑情感功能区迅速兴奋起来。

此外，日本的科研人员发现，通过操纵实验鼠的脑活动，唤醒其快乐的记忆，能够有效改善抑郁状态。虽然目前还无法直接应用于人类，但是科研人员相信，此项研究成果有望促进抑郁症的治疗。

延伸阅读

愉快回忆心理疗法

科研人员发现，人们对于往事的回忆有一个规律，即在情绪不佳时会选择那些与不良情绪相关的回忆。举例来说，夫妻因为琐事大吵一架，女方被气得够呛，那么她就会回忆起以前男方对她不好的地方，想起男方的种种缺点。

根据这一规律，相关的治疗者创立了愉快回忆疗法，该疗法实际上是利用情绪—脑—回忆三者之间的相互影响关系及规律来引导积极回忆的一种治疗方法。

愉快回忆疗法的操作过程如下。

（1）找出消极情绪的诱因，然后将诱因归结到一个“点”上。

（2）将在这个“点”上发生过的愉快的事一一列出来。

（3）通过冥想回忆已经列出的愉快事件。回忆要身临其境，尽可能回想起所有细节和当时的情感活动。

（4）回忆结束之后，用笔记录下来。

下面举例说明。

A女士因为家暴与丈夫离婚之后得了抑郁症，甚至产生自杀的想法，所以在朋友的推荐下来看心理医生。

心理医生采用了愉快回忆的疗法，过程如下。

（1）找出消极情绪的诱因——她的丈夫。

（2）回忆以往与丈夫在一起的开心时光。

（3）具体、深入地回忆每件开心的事。

（4）用笔记录事件及感受。

经过一段时间的愉快回忆治疗，A女士的抑郁症状有了很大的缓解。

用一个好习惯代替一个坏习惯

科学家早已证明，想要改变已经养成的习惯是非常困难的，尤其是不良习惯，如吸烟、酗酒等。因为这些习惯往往会释放一种叫多巴胺的物质，它会让大脑感到愉悦，从而让人们继续保持这些习惯。

香烟中含有尼古丁等有害物质，很容易让人上瘾，对其产生依赖。短时间内，可能会让人精神放松，但是长期来看则会影响身心健康，使人精力不集中，容易烦躁。酗酒也是如此，适度饮酒有益身心健康，但是饮酒过度则会加速脑细胞的死亡。很多人都有这样的经历，宿醉醒来之后，头痛欲裂，前一天晚上的事都不记得了，而且当天的学习、工作也都耽误了。

改变不良嗜好

为了训练大脑的情感功能区，建议用一个好习惯代替已经形成的不良习惯。以抽烟为例，如果想要戒烟，就需要培养一种新的习惯行为，从而替代香烟带来的满足感。在这个过程中，每次想抽烟的时候大脑就会开始运转，提醒自己用另一种方式代替，如嚼口香糖。

通过这种方式进行锻炼，其目的是增加大脑情感功能区的负荷，因为之前很轻松就获得了愉悦感，这么做则能够带来一定的限制。

延伸阅读

五大常见恶习及应对方法

1. 吃零食

人的大脑总是在本能地寻找高热量的食物，因为这样可以带来短暂的愉悦感。很多人都喜欢吃零食，如喜欢边看电视边吃冰激凌。改变吃零食的习惯，可以充分刺激大脑的情感功能区，限制“快乐的感觉”，当然过程会很难熬。如果在看电视的时候，突然想吃零食，建议寻找一个新的习惯进行替代，如关掉电视出去散步，可以起到转移注意力的作用。

2. 咬指甲

“咬甲癖”患者很享受在指尖上啃咬的过程，这能让他们舒缓压力，心情愉悦。要改变啃咬的习惯，可以试着在指甲上缠上胶带，这样就没有啃咬的欲望了。

3. 拖延症

拖延症是很多人都存在的问题。人们因为种种原因，能够在拖延中得到快感。要想改掉这个习惯，可以通过物质激励的方式。例如，如果在预期内完成了某项任务，就给自己一定的物质奖励。

4. 爆粗口

爆粗口是一种发泄情绪的方式，也就是在不伤害他人的情况下，通过咒骂释放怒气，最初可以起到积极的作用。然而研究人员发现，这种方式用得越多效果越差，直至没有作用，只剩下单纯的爆粗口，让人显得非常无礼。如何改掉爆粗口的习惯呢？可以用罚款的方式。准备一个罚钱罐，每说一次粗话就往里面放一定数额的钱，且必须是能让人心疼的数目，这样大脑才会被刺激，才会思考孰轻孰重。制订的规则自己要严格遵守，才会起到作用。

5. 长时间盯着屏幕

科研人员发现，看屏幕的时间过长会造成视觉疲劳和视物模糊。同时，浏览网页的时间过长还会损伤大脑。现代人的工作离不开手机、电脑，那么在休息时可以改变休闲方式，如在卫生间的时候，不要再盯着手机看，而是改为听歌；吃饭的时候试着专注于食物，或者与人聊天，而不是看电视。

每天利用表扬帖实现自我愉悦

我们知道，只有在遇到开心的事情时，大脑才会兴奋起来，悲伤的事情只会抑制大脑的活跃程度。不开心的事会让人陷入消沉的情绪，如果长期陷入负面情绪的恶性循环，大脑就会受损，学习、工作、生活等各方面都会受到影响。要让大脑保持活跃，就要善于自我激励，这样才能给大脑带来愉悦感，才能让大脑高速运转。

美国著名心理学家马斯洛曾向一群大学生提问：

谁希望写出美国历史上最伟大的小说？

谁希望成为议员、州长或者总统？

谁希望当联合国秘书长？

谁希望成为历史上最伟大的作曲家？

谁希望写出伟大的心理学著作？

谁希望成为圣人？

……

面对如此夸张的提问，学生们都不好意思地笑了，因为谁都没有勇气承认自己有这些愿望。结果这些学生中，没有一个人的成就超过马斯洛。

人生需要自我激励，人们需要看到希望，以此激发信心与行动力，这样才会积极思考，充分发挥大脑潜能。

表扬帖实际就是表扬笔记。每天学习、工作结束之后，回顾一天的言行，将值得肯定、表扬的地方写下来，通过这样的方式进行自我激励，充分刺激大脑情感功能区。例如：

今天按计划完成了学习任务，赞一个！

今天与客户会面很成功，当场签了一笔十万元的订单！晚上奖励自己一顿大餐。

今天逛商场，成功抑制住了购买欲望，节省了3000元钱！

……

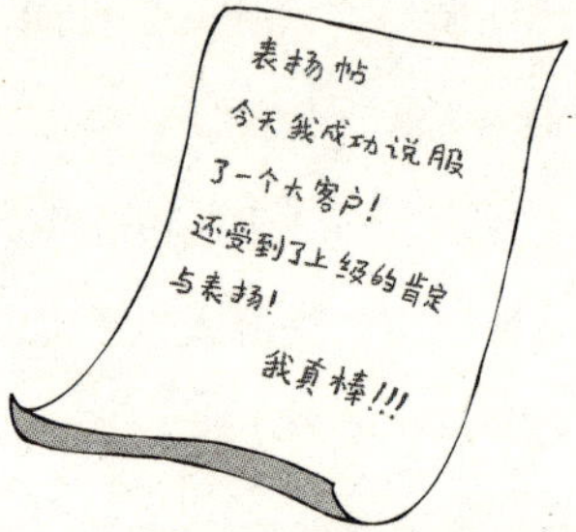

表扬帖

记下之后，反复读几遍，并思考做些事的好处，明天准备怎样做等，让大脑情感功能区与思考功能区紧密相连。同时，被表扬之后所带来的愉悦感又能够充分刺激这两个大脑功能区。

延伸阅读

自我激励激发潜能

英国BBC实验室的安德鲁·雷尼教授做过一项游戏实验，被试者超过4.4万人。实验结果发现“激励”在激发潜能方面的确有作用。这项复杂的研究测试了自我激励、意象及假定规划等激励方法是否对任何任务都有效。在任务的每个部分，善于利用自我激励方法的人，其表现明显好于不善于自我激励的人。此外，研究人员发现，励志短片也可以提高个人表现。

尝试变换形象：新发型、新衣服

要想让大脑始终保持在高效的学习、工作状态，就需要频繁地带给大脑新的刺激。因为无论什么事情一旦养成习惯，大脑不用过多思考也能机械性地完成任务，这就失去了刺激大脑的目的。人们的大脑需要不断接受新的挑战、新的刺激，然而大多数人的学习、工作、生活都是按部就班地进行，缺少变化，这就需要人为制造机会。如果说频繁换工作不现实，也可以从生活入手，如换新衣服、改变新发型。类似方式还有很多，像多接触一些人，或者随机体验一些新鲜的事情等。尝试去一个之前从没去过的场所也是一种很好的锻炼方式，如美容院、高档餐厅……全新的体验会刺激大脑神经，带来兴奋感，从而起到锻炼大脑情感功能区的作用。

如果是平时需要穿校服的学生，赶上周末同学们出去聚会，或者学校组织游玩，换一套漂亮的新衣服，一定可以吸引同学们的目光。无论大家给予怎样的评价，这样做都会刺激到大脑情感功能区。因为会产生“同学们会觉得我这条裙子好看吗”或者“他们会因为我太胖而嘲笑我吗”类似的心理活动，这些都会不断刺激大脑，起到锻炼的作用。对于已经工作的成年人，尤其不是必须身着制服的单位员工，因为每天都会换的衣服，所以对大脑情感功能区的刺激力度有限，这时可以试试变换发型的方式。

试一试定期改变发型

从选择理发店、理发师开始。找一家全新的理发店，或者选择一位不同的理发师。因为对之前理发店的环境已经非常熟悉了，之前的理发师对发型也已经形成固定的套路，即使提出全新的要求，变化的幅度也不会太大，至少很难给人耳目一新的感觉。在选择新的理发店、理发师的过程中，你就会开始思考“这家店怎么样？”“会不会很贵？”“价格贵，一定有它的道理吧？”“理发师的水平怎么样？”“找总监理发的效果一定会非常棒吧？”……理发之前就需要进行一连串的思考，理发之后还会考虑明天上班后周围同事的感受，如“他们是因为新发型夸赞我，还是会嘲笑我？”“喜欢的人会不会因为这个发型多看我两眼？”等等。

总之，越是强烈的情感波动，对情感功能区的刺激效果越好。

延伸阅读

多与不同个性的人交流

人们总是喜欢与自己个性相近的人交流，也会很容易与之成为朋友。因为性格、思考方式等都比较接近，所以很容易相互理解。然而，只有与不同个性的人交流，才能更好地刺激大脑的情感功能区。

例如，性格内向的人可以尝试多与性格外向的人交流，即使你不认同对方的行为方式，他们的行为也可以带给你强烈的情感体验，并激发你的大脑去思考如何与他们相处，从而起到锻炼大脑的作用。

努力成为“开心果”，学会制造快乐

制造快乐是一种能力，要学会为自己制造快乐，也要学会为他人制造快乐。无论是哪种方式，都可以有效锻炼大脑的情感功能区。

为自己制造快乐，需要从积极的方面思考问题，感恩身边的一切。当人心怀感恩时，就会充分调动自己的情感。例如，因为感谢遇到如此温柔贤惠的妻子，就会努力回忆她的各种优点，回忆过往的美好事情。每晚睡觉之前，想一想当天都发生过哪些快乐的事，如考试得了高分，工作得到表扬，认识了新的朋友……通过回顾当天快乐的事情，让大脑情感功能区得到刺激。美好的记忆也有助于睡眠。

相较于为自己制造快乐，为他人制造快乐的能力，能够更好地刺激大脑情感功能区。同时，这种能力也会让你成为社交场上的“开心果”，迅速改善自己的人际关系。

为他人制造快乐

学会制造快乐，所有人都会喜欢你。在制造快乐的过程中，大脑会飞快地运转，因为需要根据谈话对象的性格、谈话的场合等因素做出综合判断，怎么做才能让对方开心。例如，面对自尊心比较强的人，不适合拿对方开玩笑，反而更适合以自嘲的方式让对方开心；相反，如果对方性格随和，则可以适度拿对方开一些玩笑，活跃气氛。

制造笑点之后，任务并没有结束，还需要认真观察对方的表情和反应，因为有些人虽然笑了，但是并非发自真心。如果对方只是敷衍一笑，说明这个笑话不成功，或者是他的笑点高，这样就需要想出更好的笑话，或者找到对方喜欢的方式进行进一步交流。如果对方的笑容很尴尬，或者对方明显表现出不悦的神情，那么说明这个笑话可能戳中了对方的痛点，需要及时收敛或打圆场。这是一个考验观察力与情商的过程，能够充分刺激大脑的情感功能区。

延伸阅读

哈佛教授教你如何制造快乐

丹尼尔·吉尔伯特是哈佛大学社会心理学教授，他是一位快乐大师，毕生致力于追求幸福的研究工作，并总结出了一系列制造快乐的方法：

（1）陷入爱河。陷入爱情关系的人，其幸福指数远比普通人高得多。

（2）微小的快乐。吉尔伯特建议，少期望遥不可及的快乐，善于发现微小的快乐才能让人们更幸福。

（3）坚持。吉尔伯特认为，人类是非常坚强的，所以在困境中只要能够坚持下去，就会一点点地感受到幸福。

（4）付出。心理学研究表明，当你为别人花了一些钱时，你会感到很幸福。因此，试着请身边的朋友、同事吃顿饭吧，你会看到他们脸上开心的表情，这会给你一种持久的幸福感。

APP训练法　Daylio——时刻洞悉自己的情绪

Daylio是一款记录情绪的APP，与管理时间一样，每天将心情记录下来，也是一种锻炼大脑的方式。例如，今天遇到什么人、什么事，哪些人让你开心，哪些事让你生气，都可以通过这款APP进行记录，它的中文名为“情绪追踪”。

首先，如下图所示，撰写日记。所谓的心情日记，实际上只需要发几个表情就可以了，一个笑脸就能代表你今天的愉快心情。

APP进入界面

其次，找出模式，如下图所示。这项功能很有用，它可以起到统计的作用，能够直观地看到哪些事情、哪些人会让人开心，反之亦然。有了直观的统计，就可以更好地管理情绪了。

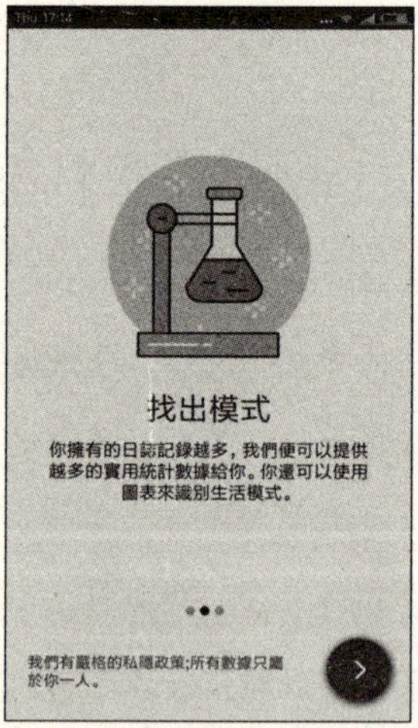

“找出模式”界面

再次，构建新的习惯，如下图所示。这个功能可以帮助人们改掉那些导致消极情绪发生的不良习惯，建立新的、良好的生活习惯。在这个过程中，大脑势必会进行思考，如“为什么这个习惯不好？”“怎样才能改掉不好的习惯？”……思考的过程就是锻炼大脑的过程。

“构建新的习惯”界面

最后，进入操作环节。同样非常简便，先记录每天发生的具体事件，然后用一个表情反映情绪状况，如下图所示。

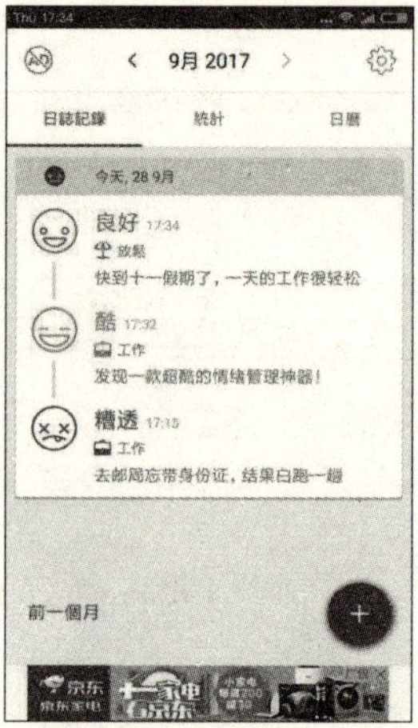

“今日心情”记录界面

什么事情带来了怎样的情绪，从中一目了然。以 7 天为一个小周期，整月为一个大周期，以此检验情绪状况。

除了记录情绪事件之外，最好将情绪原因也记录下来，这样有助于以后的情绪改善与管理，如下图所示。

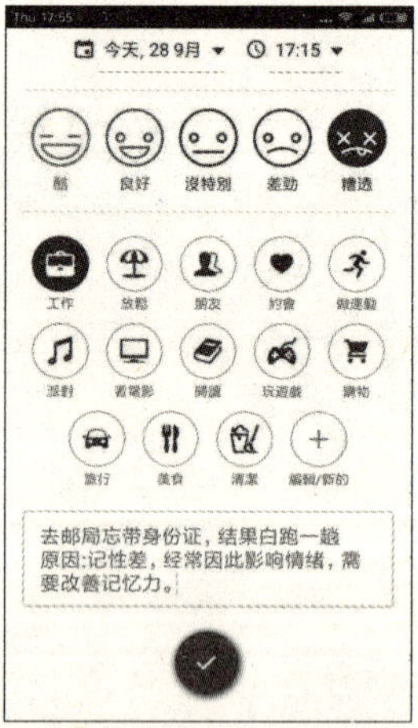

“情绪原因”记录界面

在统计界面中，第一栏的“天连续”实际就是连续天数，如下图所示。如果以 7 天为一个周期，这里就显示“7”，目的是记录情绪周期。

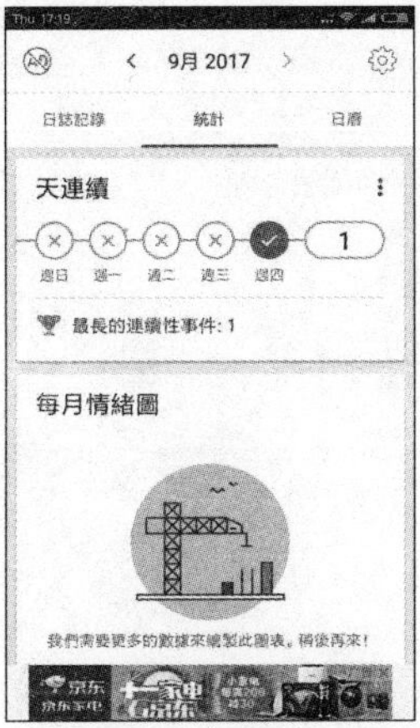

“情绪统计”界面（1）

下图所示是情绪统计，看看是笑脸多，还是哭脸多，就可以知道这个周期情绪的整体状况了，还可以从中分析出哪些事情造成了这种情绪。

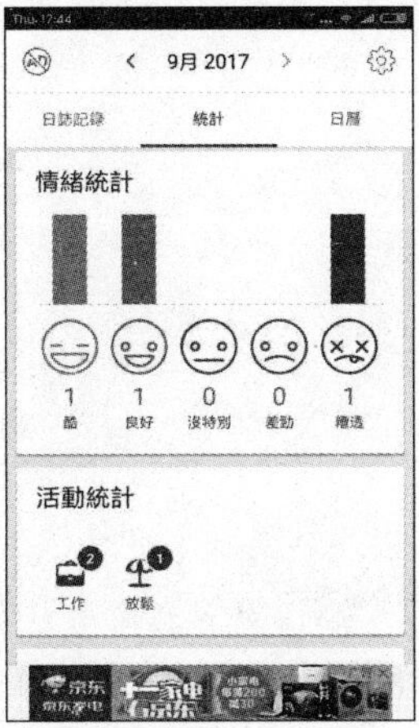

“情绪统计”界面（2）

下图所示是每日平均情绪，从中可以看出一天中总体情绪是怎样的状态。

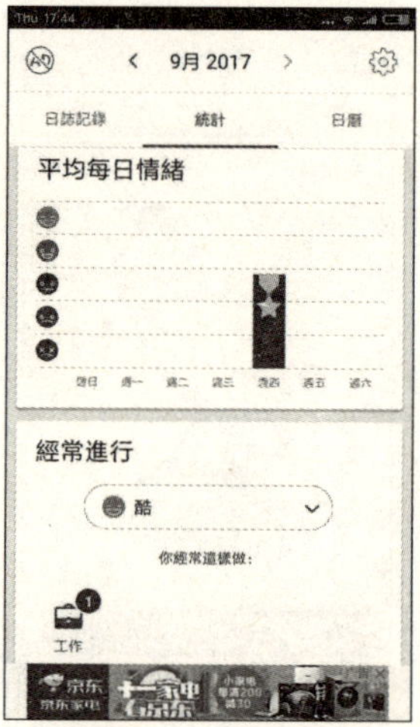

“情绪统计”界面（3）

这款APP还有一些其他功能，都非常简单实用。只要掌握了基本的方法，就可以正确记录自己的情绪，从而管理好自己的情绪。

第六章

CHAPTER 6

大脑传达功能区的快速训练法

大脑传达功能区概述

大脑传达功能区的主要作用在于向他人传达信息，包括语言表达与非语言表达两种方式。当人们使用语言进行表达时，使用的是左脑的功能区；当人们用图像、手势等非语言进行表达时，使用的是右脑的功能区。生活中不善言辞的人，有可能右脑比左脑发达；而善于表达的人，一定是负责语言表达能力的左脑更为发达。

我们知道，大脑各个功能区的联系是相当紧密的，如大脑传达功能区、大脑理解功能区、大脑听觉功能区这3个功能区的联系就很紧密。人们听到信息时，大脑的听觉功能区开始工作；对信息进行分析、理解时，大脑的理解功能区开始工作；然后经过大脑传达功能区，将信息表达出去。充分激活大脑传达功能区，人的表达能力会变得越来越强，人生也许会因此受益。

语商测试：你的表达能力有多强

语商（Language Quetiant，LQ）是指一个人学习、认识和掌握语言运用能力的商数。具体来说，它包括语言的思辨能力、说话的表达能力和在语言交流中的应变能力。下面这个小测试在一定程度上可以检验出你语商的高低。

测试题目

（1）你觉得会说话对人生的影响有多重要？（　）

A. 重要

B. 一般

C. 不重要

（2）与很多人一起交谈时，你会（　）。

A. 时不时插话

B. 做一个倾听者

C. 认真倾听，同时善用言谈增加别人对你的好感

（3）在公共场合，你的表现符合下面哪种情况？（　）

A. 善于言辞

B. 不善言辞

C. 羞于言谈

（4）假设你的朋友是一个依赖性很强的人，某天打电话找你聊天，而你当时没有时间，你会怎么做？（　）

A. 询问事情的重要性，不急的话回头再打给他

B. 表示自己很忙，没时间聊天

C. 不接或挂掉电话

（5）因为说错话影响了同事间的人际关系，你会（　）。

A. 和平常一样说话

B. 以良好的言行，找机会挽回不良影响

C. 从此不敢乱说话了

（6）如果有同事告诉你，××说过你的坏话，你会（　）。

A. 处处提防他

B. 进行还击，也说他的坏话

C. 主动与那个人聊聊

（7）在聚会上结识了某个朋友，当再次看见他时，你会（　）。

A. 简单打个招呼

B. 张口说出他的名字，并热情地与之交谈

C. 随便聊几句，并留下新的联系方式

（8）当你说的话被别人误解后，你会（　）。

A. 多给予谅解

B. 忽略这个问题

C. 不再搭理他

计分标准

（1）选A，2分；选B，1分；选C，0分。

（2）选A，1分；选B，0分；选C，2分。

（3）选A，2分；选B，1分；选C，0分。

（4）选A，2分；选B，1分；选C，0分。

（5）选A，0分；选B，2分；选C，1分。

（6）选A，1分；选B，0分；选C，2分。

（7）选A，0分；选B，2分；选C，1分。

（8）选A，2分；选B，1分；选C，0分。

测试结果

（1）得分为0～5分，很遗憾，你的语商较低，语言表达能力和语言沟通能力都急需改进。你可能是一个性格内向的人，必须认识到改变的重要性。你需要多与外界接触，多加入一些圈子，努力培养自己的语言表达能力。

（2）得分为6～11分，语商良好，语言表达能力和语言沟通能力还有很大的提升空间。

（3）得分为12～16分，恭喜你，你是一个语商很高的人。你知道怎样表达自己的情感和想法，能够很好地理解和支持别人，拥有良好的人际关系。因为你很会说话，大家都愿意与你交往。

积极参加竞技性团队运动

团队运动需要相当强的语言表达能力，如果不说话，根本没办法融入团队之中。竞技性团队运动对大脑传达功能区的要求非常高，尤其是比赛激烈、团队人数多的运动，如橄榄球、足球等。以足球比赛为例，一个团队有11个人，每个人都需要与队友保持紧密的联系。尤其是负责组织球队攻防的中场球员，必须要有很好的表达能力及准确的判断力。将球传给谁，队友如何跑位，如何进攻与防守……都需要在短时间内向队友准确传达。因为场上的形势瞬息万变，如果作为指挥官却因表达不清，造成传跑没有结合到位，那么失误就会增加。真正的高手能够以对方理解的语言在最短的时间内进行沟通。例如，在足球比赛中，只说一个“立”或“起”字（足球术语，起高球的意思），队友就知道这是一个高球，从而选择跑位的方式。如果是一个对足球一窍不通的人，可能根本不明白这两个字所表达的含义。

竞技性运动需要参与者在短时间内做出反应，运动本身就可以锻炼大脑传达功能区。此外，尽可能在团队运动中担任组织的角色，因为需要跟所有队友保持密切交流，所以可以最大限度地锻炼信息传达能力。例如，后腰球员需要串联后场与前场。当守门员将球传给后卫时，就需要后腰向后卫要球，大脑传达功能区此刻便开始工作。接到球之后，后腰球员还要观察前场队友的位置，然后跟位置较好的球员沟通，将球传给中前场球员，之后再快速跑位，准备继续接应球。可以说，整场比赛中，后腰球员需要跟多个位置的队友互动，传达指令。

除此之外，也可以尽力争取队长的角色。无论踢什么位置，即使是门将，也需要你与之不断沟通。因为你是队长，这是你的责任。在这个过程中大脑的传达功能区，会得到充分的锻炼。

多参加线下聚会，饭桌上想不说话都难

互联网时代，线上交流成为一种潮流。有些人喜欢用语音沟通，这样多少还能起到锻炼大脑传达功能区的作用，然而大部分人都喜欢打字，这样大脑的锻炼效果就会大打折扣。

社交是人类的天性，从学生时代开始，人们就应该培养自己的社交能力。在此过程中，自己必须主动表达自己，否则很容易被排挤。进入社会，步入工作岗位之后，你便会发现良好的人际关系的巨大作用。如果你是一名创业者，即使性格再内向，也会逼迫自己多参加聚会。因为你很清楚，只有不断与人接触，才可能学习到新的创业经验，结识到更多的人脉，从而帮助自己在创业过程中生存发展。

积极参加线下社交活动

人们将聚会分为大圈和小圈，大圈指的是人数较多的聚会，有熟悉的人，也有不熟悉的人。参与大圈聚会，首先要让人们记住你，至少要对你有印象，这就需要你善于进行自我介绍，并巧妙地制造快乐。例如，你需要传达出你是做什么的，有什么资源，能为大家提供什么帮助。最好能彰显你的权威性，引起更多人的关注。自我介绍的时候切记要适度，怀着一颗谦卑的心，低调一点，“吹牛”的话也要适可而止，一旦过度则会招致其他人的反感。在表达的过程中需要不断思考，考虑自己的话是否适当，如果太低调的话是否会被别人忽视，如果太高调的话是否会引起他人的嫉妒与反感……思考的过程就是对大脑传达功能区的刺激过程，你会反复斟酌自己说的话，考虑他人的感受，然后再以合适的方式表达出来。此外，制造快乐也容易被大家记住。制造快乐需要考虑很多问题，如参会者的接受程度，玩笑是否会影射到某个人等。

以上是大圈聚会的表达技巧。因为对参加此类聚会的多数人都不熟悉，所以在表达的时候要非常谨慎，思考的问题也会比较多，对于大脑传达功能区的刺激比较强。很多性格内向的人，在陌生人较多的聚会上不善于表达，所以要适当逼迫自己多参加线下聚会。如果是工作会议，你不积极发言，不仅老板、领导可能会很失望，而且会受到其他人的忽视。

小圈聚会，参加的一般都是比较熟悉的几个人，建议性格内向或不善言谈者可以先从小圈聚会开始。很多性格非常内向的人，面对熟人时会滔滔不绝，在陌生人面前却不怎么说话。在小圈聚会上，因为大家都比较熟悉，能够有效锻炼大脑传达功能区的方式就是制造笑点。此外，小圈聚会时可以谈很多事，大家有什么困难或工作需求也都可以提出来，这也会刺激大脑神经。假设某人想换工作，聚会上一位朋友的公司正好招人，想试探性提一句，开口之前就会考虑很多事：你们的关系是否足够亲密；开口之后会不会被直接拒绝，弄得很没面子；对方会不会只是口头上答应，实际上敷衍了事……这些思考过程都能够强烈刺激大脑传达功能区，需要再三考虑之后，再组织语言合理地表达。

情景预设：让沟通更轻松的大脑预演法

举例来说，S是代课老师，对这个班的学生还不是很了解，上课时S老师向F同学提问："F同学，你知道这道题怎么解答吗？"F同学是一个性格内向且自尊心很强的人，虽然他不知道答案，但是却不愿痛快地承认。因为担心挨批，所以他支支吾吾地说了一堆没用的，谁也没听清。S老师很有经验，预设了以下几种情况。

（1）正确回答出问题——"F同学的回答很正确，非常好，同学们平时应该多向他请教。"

（2）回答错误——"F同学的答案并不正确，我们针对错误的情况来进行分析，以便大家更好地理解这道题，并感谢F同学的勇敢作答。"

（3）不说话或支支吾吾——这种情况是最尴尬的。因为S老师在大脑中进行了预演，所以在沉默几秒之后，她率先打破了僵局："看来F同学还没有准备好，请坐。有没有同学能帮助F同学解答呢？"

通过情景预设，可以很好地刺激大脑的传达功能区。在此过程中，我们需要分析对方可能出现的几种情况及针对特定情况自己应该如何表达，还需要考虑对方的情感。相当于在整个过程中，大脑思考功能区、大脑情感功能区、大脑传达功能区等几大区域进行了紧密的合作，都得到了锻炼。

情景预设的方法在工作中会经常用到，尤其是销售人员，不仅需要通过良好的表达让客户理解自己的意思，而且还要增强说服力，让对方购买产品。最关键的是，需要根据所传达的意思及客户的反馈，做出情景预设，为可能出现的情况做好相应的回答：假设客户对产品有意向该怎么说，假设客户表达出对产品质量的担心怎么说，假设客户讨价还价怎么说……

在沟通过程中，至少要预设3种可能出现的情景，如果预设的情景太少，就无法起到刺激大脑的作用。平时也要多进行相应的训练，才会提高同理心，让自己变成一个通情达理的人。如果总是考虑得很周到，人际关系会变得更好，办事效率也会更高。

别急着回答，停顿3秒再回话

在回答别人的问题时，不要太着急，在听清楚、听明白之后再作答，否则急着回答，很容易答非所问。如果面对的是领导，则会让对方质疑你的工作能力。间隔多久合适呢？太长时间肯定不行，如领导问你："这个月的销售额是多少？"你想了3分钟还没回答，估计可以直接到人事部办离职手续了。

加藤俊德博士经过实验证明，在沟通中停顿3秒再说话是最合适的。抢答意味着没有思考的时间，本能地说出答案。除非对问题很有经验，是这方面的专家，否则很容易出错。停顿3秒，给自己留出思考的时间，就会减少说错话的概率，实际也是在提高沟通效率。例如，领导问你这个月的销售额是多少，你不加思考地就给出答案："30万！""30万？跟上个月业绩一样？""哦，不对，我记错了，这个月是40万。"无形中增加了沟通的时间与成本，沟通效果也不好，而且错误越离谱，沟通成本就越高。

争吵的时候，停顿3秒再回答的方式非常有效。因为发生争吵时，人们习惯据理力争，更有人喜欢强词夺理。通过不停地说、不断提高音量的方法，试图压制对方。实际上这样做只会让人在短时间内气势占优，之后则显得十分粗鲁无礼。不妨停顿3秒，利用这段时间快速思考："为什么会争吵？""意义何在？""赢了会怎样？""输了又会怎样？""到底是谁对谁错？"……

停顿3秒的方法会让人迅速冷静下来，最关键的是不会说出让人后悔的话。很多人处理不好这类问题，结果从争吵变成了打架。停顿3秒再作答，是要求人们在此期间进行快速思考，是针对对方的问题具体思考，而不是发呆或想其他问题，这样才能提升大脑传达功能区的运行效率。

回答之前留出思考时间

延伸阅读

交谈留白

所谓交谈留白，就是在说话间歇留出一段空当，这是一种很重要的沟通技巧。留白，就是为了让对方有时间消化你所表述的内容，让对方思考问题、提出问题，这样更有利于继续交谈。

心理学中有一种现象被称为“超限效应”，放在沟通中，就是说太多会让人不耐烦。据说，有一次美国作家马克·吐温在教堂中听牧师演讲。最初，他觉得牧师讲得很感人，决定出钱资助非洲难民。10分钟之后牧师还在讲，他有些不耐烦了，于是只打算捐一些零钱。又过了10分钟，牧师还在讲，他就不想捐钱了。

终于，牧师结束了冗长的演讲，募捐开始了，这时的马克·吐温已经很生气了，不仅没有捐钱，还从募捐者的盘子中拿走了两美元。

因此，即使你的口才好，也不要喋喋不休地讲个没完，学会留白很重要。

APP训练法 语言训练工具——表达能力训练1

“语言训练工具”APP是专门为有语言障碍的人（如自闭症人群）或年龄小的孩子设计的，是一款专业的语言学习工具。通过图片的学习与跟读，可以学会简单的词汇和句子，从而有效表达自己的需求，提高自己的语言表达能力。

“语言训练工具”APP设计得非常简单，下载完毕后可直接进入界面，实际就是根据图片练习发音。如下图所示，从左到右点击图片，软件分别对应图片发音：我、妈妈、爸爸、爷爷……

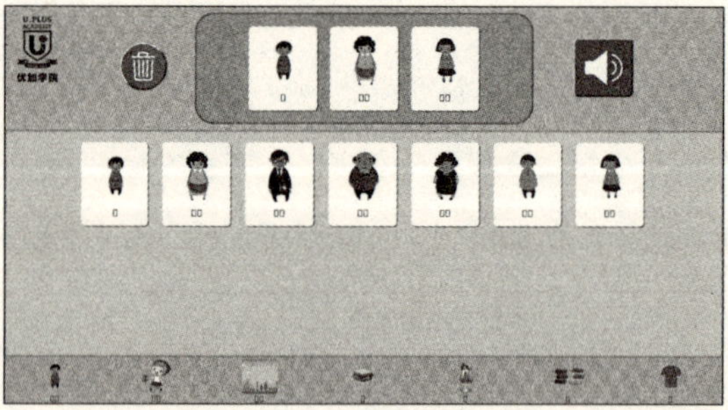

“语言训练工具”APP练习界面

APP训练法　声音镜子——表达能力训练2

再介绍一款相对复杂的APP——“声音镜子”，这款APP的不足之处是很多功能都需要付费。

进入“声音镜子”的主界面，如下图所示，点击“跟读练声”图标。

“声音镜子”APP主界面

在“跟读练声”部分细分了很多项目，可以进行发音、表达训练，如下图所示。

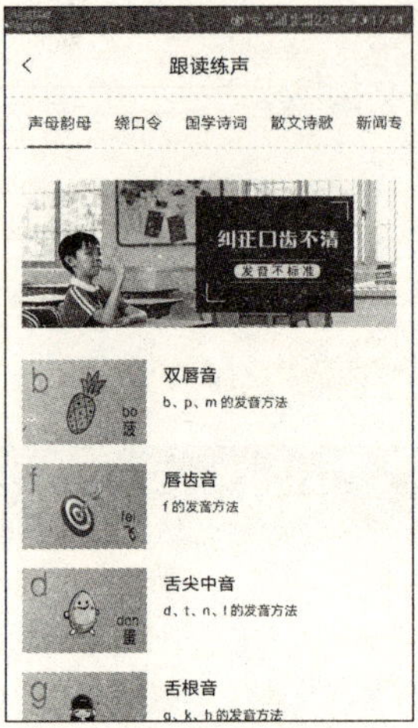

“跟读练声”界面

初学者可以先从发音开始，点击“双唇音”项图标，如下图所示。

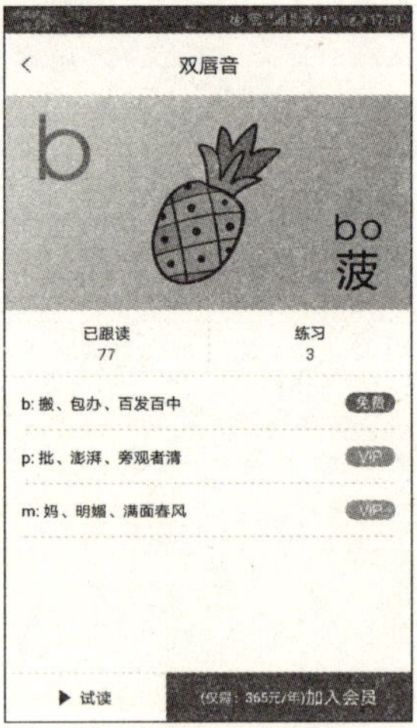

“双唇音”练习界面

点击免费部分的第一栏进行练习，可以选择“分句跟读”，也可以选择“整句跟读”，如下图所示。

跟读选择界面

选择“分句跟读”，先听一遍范读，然后跟着读一遍并录音。读完之后，可以进行对比，看看自己读得怎样，如下图所示。

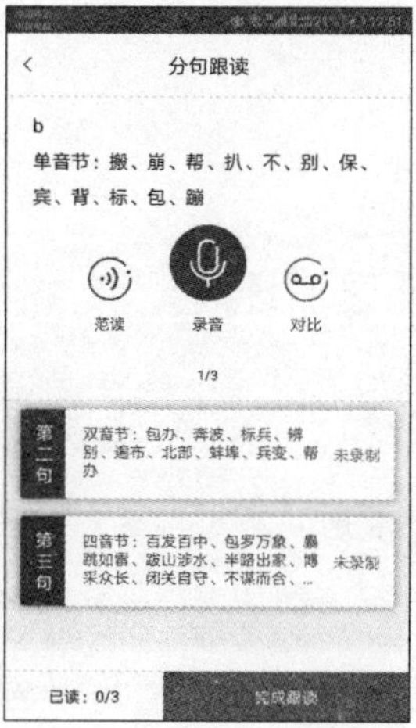

“分句跟读”界面

练习之后，如果觉得训练有效果，也可以进行更多的练习，以此提高表达能力，练就好口才。

第七章

CHAPTER 7

大脑理解功能区的快速训练法

大脑理解功能区概述

大脑理解功能区的作用至关重要，如果大脑只能简单地进行信息收集，而不能进行很好的理解、加工，就无法进行更好的自我提升。大脑理解功能区强大的人，很多都从事律师、记者类职业，这类职业都要求从业者必须具备强大的理解能力。理解能力对于人际关系也具有至关重要的作用。如果无法根据所得到的信息正确理解一个人，就是情商低的表现。造成的后果是，不仅无法处理好人际关系，还会因此失去很多机会。

随着年龄的增长，人的阅历不断增加，有些人习惯以经验作为理解、判断他人的基础。实际上这种做法并不科学，他们会自动屏蔽一些新的信息，因为这些信息超出了他们的经验范畴。想要更好、更深入地理解一个人，就要综合多方面的信息，通过不断思考得出结论，而不应该单凭已有经验进行判断。

不断开发大脑理解功能区，还会提高随机应变能力，这也是人际交往中很关键的一项能力。例如，跟女朋友约会，她突然说今天好冷啊。你如果没能理解她话中的含义，只是顺口说了一句“我还热呢，一点都不冷”，女朋友一定会觉得你不懂得照顾人。有时女朋友说天气冷，实际上是希望得到你的关心。

阅读是提高理解能力最有效的方式

锻炼大脑理解功能区有两种方式，即锻炼理解语言区域与图像、空间等非语言区域。读书是最有效的锻炼方式。

对于孩子来说，先从绘本、图画书开始，更容易提高其阅读兴趣，也更符合该年龄段孩子的阅读习惯。由于孩子在阅读方面缺乏经验，因此需要父母进行有效引导。在阅读绘本的同时设置一些问题，旨在提高孩子的阅读理解能力。例如，孩子看到书中有一群鸭子在水中游泳，这时父母就可以提出问题：“鸭子为什么会游泳？”通过设置问题，引导孩子开始思考，这时父母可以进一步引导，如从鸭子的脚蹼讲起：因为它们的脚蹼是连在一起的，就像两只小桨一样在水中滑动，这样就可以自由地在水中游来游去……

此外，还可以从一些空间图形入手，如通过一些思维游戏可以很好地提升孩子的理解能力，有效锻炼大脑理解功能区。

请看下面这个思维游戏。

一个“宝藏之宫”（如下图所示），共有6道“墙”，每道“墙”上有6扇“门”。请你找出一条通往“宝藏之宫”中心的道路，使得从外面一道“墙”的某一扇“门”起，经过6扇“门”到达“宝藏之宫”的中心，而这6扇“门”上的数字之和恰好为138，你能找到几条？

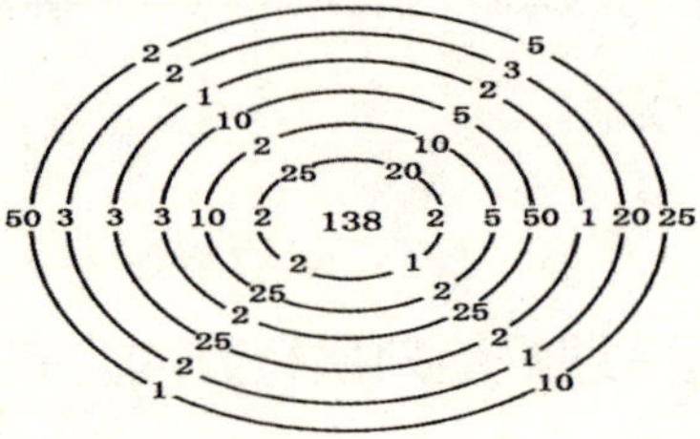

“宝藏之宫”

答案如下。

36扇门上的数字共有1、2、3、5、10、20、25和50共8种数字,如果从8种数字中选取6个，要使它们的和恰好是138，那么“50”一次至少选取一个，最多选取两个。从下图中可以看出，因为有两个位于不同墙上的“50”，所以这两种选取都是有可能的。

1	50	2	5	25	10
2	3	2	3	20	1
25	3	1	2	1	2
2	3	10	5	50	25
25	10	2	10	5	2
2	2	25	20	2	1

"宝藏之宫"矩阵

如果选取两个"50"，根据要求，另外4个数中就只能有一个"20"或一个"25"，这样就可以把可能性都列出来：

① 50+50+25+10+2+1=138；

② 50+50+25+5+5+3=138；

③ 50+50+20+10+5+3=138。

如果选取一个"50"，根据要求同样也可以列出算式：

④ 50+25+25+25+10+3=138；

⑤ 50+25+20+20+20+3=138。

由算式可以看出，符合要求的只有两个，就是①和④。最终能通过"宝藏之宫"的道路就是：50→2→1→50→10→25（如下图所示），或者50→1→2→50→10→25，或者25→3→25→50→10→25，或者50→3→25→10→25→25。当然，除了这些还有其他的算法，你能找到吗？

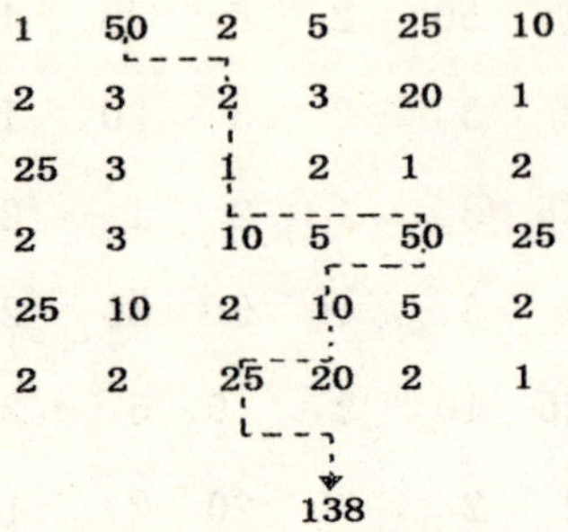

“宝藏之宫”道路演示

这道题不仅锻炼了图形认知能力，还锻炼了思考能力，充分调动了大脑理解功能区与大脑思考功能区。

对于成年人来说，阅读以文字为主的书籍，更能锻炼大脑理解功能区。可以多读一些与专业相关的书籍，因为它们可以直接作用于日常工作，能够在短期内使自己的能力获得提升。在阅读专业书籍的过程中，由于与平时的工作相关度高，因此很容易理解。如果遇到新的知识点，大脑就会主动思考，再与工作结合起来，这个过程能够有效锻炼大脑理解功能区。

延伸阅读

重复阅读增加理解力

重复阅读能够有效增加理解力。一本书反复阅读几遍，每遍都可能会出现一些不同的想法，读者需要从不同的角度对其进行理解性阅读。

（1）逆向思维（针对故事性图书）。从相反的角度来考虑某个故事或整本书，看看结局是否有所不同。

（2）改编剧情或自行延伸。对某个故事进行改编，或者因为读完某个故事后意犹未尽，自行延伸新的剧情。

（3）提炼知识点。对于专业性书籍，每次阅读都会有新的收获，提炼知识点这种方法能够很好地锻炼大脑理解功能区。

隔一段时间再看一遍豆瓣高评分电影

对于一些实在不喜欢看书的人来说，利用看电影的方式同样可以锻炼大脑理解功能区。

看电影的类型也是有讲究的，如果只是看动作片、偶像爱情片，对于大脑理解功能区的锻炼并不会起到多大作用。可以选择一些推理片、悬疑片，或者是优秀的剧情片，随着剧情的发展，大脑会不断思考、分析剧中人物为什么会这样做，到底谁是凶手……

对于不知道看什么电影的人来说，最简单的方法就是根据评分选择影片。例如豆瓣电影，现在很多人在看电影之前都会参考它的评分。挑选出100部高评分电影，如果是第一次观看影片，可以以欣赏、放松的心态开始。隔一段时间后，再看第二遍。这时最好拿一个笔记本，将对影片的疑问、感悟和影片的亮点记录下来，然后试着写影评或观影笔记，将所有问题总结出来。隔一段时间后，再看第三遍。第三次观看的时候，要先将上一次的观影笔记拿出来，看一遍所有的问题，然后带着问题去看，这样理解能力就会得到进一步的提升。

延伸阅读

“烧脑”电影推荐

结合网上的评分给大家推荐一些“烧脑”电影，大家可以根据自己的理解水平和喜好进行选择性的观看。以下影片选自“豆瓣电影 Top 250”。

- 《记忆碎片》（2000 年）
- 《致命 ID》（2003 年）
- 《看不见的客人》（2017 年）
- 《沉默的羔羊》（1991 年）
- 《七宗罪》（1995 年）
- 《盗梦空间》（2010 年）

定期改变家具的位置，增加空间理解力

右脑的大脑理解功能区是非语言理解区域，可以通过阅读绘本、图形思维游戏类书籍进行训练。不过这种方式显然更适合学生，对于成年人来说，本节推荐一种很有趣的训练方式，就是定期改变家具的位置。

定期改变家具的位置

即使是新房，住几年之后新鲜感也会逐渐减少，直至平淡无趣。因此，很多人都会更换一些新家具，或者是通过改变家具的位置，重新带来新鲜感。这种做法实际上可以锻炼空间理解能力。

如果要对右脑的大脑理解功能区进行训练，可以从改变家具的位置这种简单的方法开始。并不需要整体大变动，否则难度过大，反而会让很多人产生畏难心理，迟迟不展开行动，最终彻底放弃。

从改变一些小物件的位置开始，如将扫帚、拖把的位置从浴室换到阳台，变换花瓶的位置，互换卧室与客厅的壁画……你会发现，这些小小的改变也能够带来新意，增加趣味。然后还会接着琢磨，怎样布置才能拥有更好的效果。接下来，可以考虑移动家具。例如，将办公桌放到落地窗的旁边，随着视野的改变，心情也随之发生变化；可以将陈旧的电视柜处理掉，把电视挂到墙上增加可用空间……随着改变的效果越来越明显，你的兴趣会随之提升，布置家具的意愿会越来越强。在此过程中，大脑开始进行设计，你甚至会主动学习一些专业的设计方法。

养成定期改变家具位置的习惯，不仅可以给生活带来新意，还可以有效锻炼大脑理解功能区的非语言区域。

揣测周围人的心理状态，试着理解对方的行为

试着理解周围人的心理状态是一种很有趣的训练，不仅能够刺激大脑理解功能区，还可以提高观察力，成为识人方面的高手。

这项训练可以在任何有人的地方进行，如走在大街上，却看到一个人戴着口罩，捂得严严实实，有些人的第一反应是："这家伙有病吧，这么好的天气还戴口罩？今天又不是雾霾天！"可仔细想想，对方戴口罩可能有以下几方面的原因。

（1）确实是生病了，戴口罩是怕传染给别人。

（2）他是明星，捂得严严实实是怕被路人认出来。

（3）对柳絮、花粉之类的东西过敏。

受到经验的限制，如果不能理解某个人的做法，那也不要妄加评论。可以在心里揣测、分析，采用换位思考的方式，站在对方的角度考虑问题。这样有助于更好地理解对方，从而有效刺激大脑。

上、下班途中是进行此类训练的最好时机，如果你在上、下班路上无所事事，不妨借此机会锻炼大脑的理解功能区。例如，在公交或地铁上分析自己觉得有意思的乘客，尤其是那些看起来标新立异的人，因为平时遇到这类人的机会不多，所以正好借此机会揣测他们的心理状态。这个训练有一个缺点，就是不知道揣测的结果。因为不熟悉，而且只是

擦肩而过，所以没办法验证分析是否正确。

注意，揣测别人的心理状态，出发点是为了锻炼大脑，从而改善自己的人际关系，但这种方法有一定的弊端，在生活中实施的时候要掌握好尺度，不要给别人造成困扰。

通过模仿提高认知理解能力

模仿是一种学习的过程，通过模仿可以提高认知理解能力。

对于喜欢的服装搭配，有些人会进行模仿，心里会想“自己这么打扮，效果也会不错吧”。于是走在路上的时候，他们就会注意观察，找出一些打扮漂亮的人，并选择适合自己风格进行模仿。

周末的时候，可以去商场按照学来的风格试衣服、看效果，找出适合自己的穿衣风格。最好是在模仿的基础上，根据自己的形象特点进行创新。这个过程能够很好地锻炼大脑的认知理解能力。

外表的模仿只是最简单的练习方式，更高级的模仿则是对被效仿者的神态、语言、行为等进行模仿。

很多青少年都喜欢明星，看完电影、听完演唱会之后，经常模仿他们的一举一动。长大之后可能会觉得当时的行为十分幼稚，但实际上这是一种锻炼大脑理解功能区的方式。在模仿他人，如模仿电影中的某个情节的时候，人们往往会设想自己就是剧中的人物，然后分析他为什么这样做。例如，为什么总是吹一下头发（后来明白了这是在耍酷），为什么开枪的时候要闭上一只眼（因为要瞄准）……

这是一个思考的过程，成年人看到这样的问题会觉得简单甚至无聊，但是对于年龄较小的孩子来说，这样的模仿既是对偶像崇拜之情的表达，又是一种很有效地刺激大脑的方式。

无论是学生还是成年人，一定都有自己敬佩的人，如成绩好的同学或工作更出色的同事。与优秀者为伍，会使人有一种强烈的愿望，就是成为像他们一样优秀的人。那么怎样做才能像他们一样呢？这个过程就要用到大脑理解功能区与大脑思考功能区。人们会意识到，模仿他们是提升自我的最简单的一种方式。因此，在与自己敬佩的人交往时，主动模仿他们的言谈举止，不断学习他们身上优秀的地方。在模仿的过程中不断思考，如何做才能成为对方，继而超越对方，成就更好的自己。

模仿的关键在于学习对方的思考方式，这才是深度模仿。看看他们是怎样对待问题、解决问题的，而不是单纯地模仿其穿衣打扮、说话方式。

延伸阅读

模仿能够拉近彼此的距离

荷兰内梅亨大学的玛里勒尔·斯特尔教授通过实验发现，在交流过程中通过模仿对方的表情、肢体动作等非语言信号，可以更好地感受对方的情绪。当对方发现自己被模仿时，会觉得高兴，这样反而拉近了彼此之间的距离，让交流过程变得更加流畅、顺利。

了解到这一点，人们完全可以在沟通中刻意进行一些活跃气氛、无伤大雅的模仿，从而拉近彼此的距离。

探索一个全新的领域，与不同行业的人接触

对于全新领域的探索，能够最大化刺激大脑的理解功能区。对未知的领域感到好奇与不解，想要尽快了解该领域，就需要不断学习，理解该领域的知识点。例如，你本来对哲学领域一窍不通，却因为看到尼采的一句名言而对哲学产生兴趣，还买了一本尼采的书。为了读懂尼采的作品，就必须了解尼采这个人，了解事件背景，从而明白他说出这样一句名言的原因。

探索任何一个未知的领域，都需要有一个从初步了解到深入理解的过程。一旦产生兴趣，并开始进行深度探索，就能起到锻炼大脑的理解功能区的作用。就像读书一样，找一本你不熟悉的领域的书，如一本介绍宇宙的科普书。在对该领域一点都不熟悉的情况下，你会先看封面，一般漂亮的封面会吸引人；这时还会关注书名，如果有兴趣就会拿起书看内容简介，了解这本书的内容；再去看作者简介，通过作者的资历判断这本书写得怎么样。这个过程会不断刺激大脑的理解功能区。

除了对全新领域的探索外，还有一种方法也可以锻炼大脑理解功能区，就是不断接触各行各业的人。来自不同行业的人能够为你带来新的知识和经验，他们所讲的内容如果你从没听说过，大脑就会产生兴趣，并努力理解这些内容。

在与不同性格的人接触时，你就会考虑怎样进行沟通，说什么更容易被对方接受，使对方更容易打开话匣子。在谈到对方的工作内容时，由于对你来说是陌生领域，你的求知欲会更强，会渴望了解更多内容，因此就

会考虑怎样说才能激发对方的表达意愿。这样的过程都可以很好地锻炼理解能力。

尝试一项全新的运动，让大脑更兴奋

选择一项之前没有参与过或并不十分了解的运动项目，最好是团队运动项目，它会给大脑带来全新的刺激。在运动的过程中，需要不断学习，接受新鲜的知识、体验与感受。

某天，一个穿着巴塞罗那足球队服的小伙子跑到了篮球场，由于旁边的足球场还没开门，因此他想过来先玩一会儿篮球。然而，这个小伙子明显是外行，经常犯规，招致其他人的不满。

小伙子很聪明，知道自己不懂行，于是减少拿球次数，注意观察其他队友的跑位和动作。在这个过程中他的大脑得到了锻炼，因为他会琢磨什么样的防守动作是不犯规的，怎样才能更好地协助队友进攻。

全新的竞技性运动对大脑运动功能区与理解功能区的刺激效果最好。此外，还可以尝试一些其他的运动，尤其是极限运动，因为这种运动能够在短时间内冲击大脑，如蹦极、攀岩、冲浪、山地自行车……当然可以在个人能掌控的范围内试一试这些运动。由于有一定的危险性，在开始某项极限运动时，全新的体验与刺激感势必会让大脑飞速运转起来。

给大脑设置时间框架，增加紧迫感

给大脑设置时间框架，增加紧迫感，这种方法类似于为一件任务设定截止时间，既可以提高工作效率，也可以增强大脑的理解能力。因为一旦为某项任务限定了时间，大脑就会开始思考，如何在时间框架内完成任务，并制订相应的计划。如果没有时间限定，很多人就会习惯性拖延，也不会考虑具体要怎么做，而是想起什么就做什么，完全没有计划性，因此也就没有机会锻炼大脑的理解功能区。以学生的上课时间为例，一节课45分钟，这是根据学生的学习特点制定的。在这个时间段内学生的注意力能够高度集中，能更好地理解教师所讲授的内容。假如一节课没有时间限定，学生们不知道什么时候会结束，那么他们势必会分心，更不能保证每时每刻都能调动大脑的理解功能区。

给大脑设置时间框架的方法有很多，如做事提前10分钟，目的是增加紧迫感。例如，准备出门时，每次都会花30分钟整理书包，这样不紧不慢的节奏不会刺激脑神经，因为已经形成了习惯，一切按部就班地进行就没问题。然而，领导突然打来电话，让你提前到公司开会。突如其来的变故，对大脑能起到充分的刺激作用，原本需要30分钟收拾的包，现在由于时间被压缩，只能用10分钟搞定。这时的大脑开始飞速运转，考虑包中需要装什么，不需要装什么，收拾完毕后赶紧出发。

好的，老板，我这就过去！

这样的训练方式有很多，自己可以列出几条，有机会就进行练习。

（1）15分钟之后考试，最后再看一遍单词。

（2）离开会还有10分钟，准备相关的文件。

（3）客人20分钟后到，准备茶具并泡茶。

……

类似截止时间的这种限制，最初会造成紧迫感，带来适度的焦虑，要学会根据自身的情况把握好设定的尺度。如果造成拖延现象，说明对你来说，时间限定造成了过大的压力。这时则需要调整时间，如放宽时间限制。

延伸阅读

抵达“最优焦虑区”

什么是“最优焦虑区”？这是美国心理学家罗伯特·M. 耶基斯和约翰·D. 道森于1908年提出的概念。这是一个压力略高于普通水平的空间，处于舒适区之外，指的是人们只有达到“最优焦虑区”才会表现最佳水平。

设置时间框架的目的就是让人们跳出“心理舒适区”，抵达“最优焦虑区”，这样才会更充分地激发大脑潜能，提高学习与工作效率。

预测事情走向，列出多种可能性

每件事在没有发生之前，都可能会出现多种走向。列出一件事可能出现的各种情况，这需要强大的理解能力。通过这种方法，可以很好地刺激大脑理解功能区。

假如一位销售人员，约好了下午去见新客户。见面之前，可以预想这次会面的各种可能。一般来说，会出现3种结果，即成功、失败、待定，根据这3种可能性进行预测。按照第一种情况，也就是合作成功的走向进行设想：与客户见面，彼此留下了不错的第一印象，客户对产品很感兴趣，也更深入地了解了产品各方面的信息，最终客户决定购买。按照第二种情况进行设想：产品并不符合客户的需求，虽然已经想尽办法进行解释、说服，但是对方仍然没有合作意向，此次合作以失败结束。按照第三种情况进行设想：客户觉得产品还不错，但是想要货比三家，于是留下了联系方式，客户处于待定的状态。

根据上述每种情况，都可以衍生出更多的画面场景，这就是一个预想的过程。为了与客户顺利接洽，优秀的销售人员还会想到更多的可能性，从而为每种情况分别想到解决方法。而预想的过程，就可以充分刺激大脑的理解功能区。这是一种好习惯，不仅可以锻炼大脑，还可以提前做好准备，提高事情成功的概率。

世界那么大，你要去看看

美国生物学家马克·罗兹维格在20世纪60年代进行过一项科学实验，他把基因资质相同的老鼠分为3组，第一组放在铁笼里，作为参照组；第二组养在光线昏暗、三面不透明的笼子里，作为贫乏环境组；第三组养在一只大而宽敞的笼子里，光线充足、设备齐全，包括一些秋千、木梯类的“玩具”，作为丰富环境组。

经过几个月的观察期，马克·罗兹维格发现，丰富环境组（第三组）的老鼠机灵好动，贫乏环境组（第二组）的老鼠呆滞木讷。科研人员将老鼠的大脑解剖后发现，第三组老鼠的大脑皮层在厚度、蛋白质含量、细胞大小等方面都比其他两组的老鼠具有优势。

很多有远见的父母，从孩子很小的时候就开始带他们出去旅行，不理解的人认为这是在浪费钱，这么小的孩子带出去有什么用？实际上，在大脑发育的过程中，见识越多，对大脑的刺激就越充分，尤其是对大脑的理解功能区。接触不同的成长环境、不同的事物，都会加速大脑的成长。

有些父母认为，孩子旅行回来之后，没几天就忘了，这是因为父母没有给予其正确引导，强化其记忆，所以短时记忆才会快速被遗忘。德国脑神经学教授和医生，哈佛大学客座教授斯皮策在一次演讲中指出，新信息在接收之后的第四天如果经过强化，就会让脑神经变得发达；如果不再强化，第八天脑神经就会出现退化。这也是很多孩子包括成年人不记得之前旅行的记忆的原因，实际上只需要在旅行结束之后，通过适当的方法强化记忆，就可以加深理解，将短期记忆变为长期记忆。

固化记忆的方法很多，如旅行结束之后，让孩子写一篇旅行笔记，将好玩的景点写出来，或者是做一份自助游攻略。这样，不仅会把大部分记忆都变为长期记忆，而且会有效提升孩子的参与感，激发他们的兴趣。留学也是同样的道理，很多没去过的人并不懂，一年几十万的费用，除了回来好找工作又有什么用？如果当时就用来买房子，现在早就翻番了。从投资的角度来讲的确如此，但是从大脑认知的角度来说，留学的经历会对孩子的大脑锻炼起到很大的作用。如同电影《后会无期》中的一句台词：“你连世界都没观过，哪来的世界观？”

无论是对孩子还是成年人来说，经常出去旅行，陌生的环境、全新的事物、陌生的人群都会对大脑形成冲击，提升大脑的理解能力。尤其是自助游，因为需要考虑的事情很多，如语言问题、旅行攻略、与人沟通、当地文化等，所以能够对大脑的多个功能区起到锻炼的作用。

世界那么大，多出去走走吧，认知的提升也许不会带来直接的经济收益，但是一定会让人受益终生。

APP训练法　卡车解密——提升大脑理解力的益智游戏

“卡车解密”这款 APP 是一款很有趣的益智 APP。里面游戏的玩法非常简单，每一关把“绿色方块”顺利推送到“黄色方框”内即可通关。

由于小卡车是唯一的运送工具，因此合理运用小卡车移动方块就显得非常关键。在移动的过程中，可以通过画图制造各种辅助道具，如弯道、坡道等，目的是配合小卡车顺利运送方块。

规则虽然很简单，但实际玩起来并不容易，此过程需要大脑充分思考，考验的是玩家的设计理解能力。在推动小卡车之前，先要观察空间布局，然后设计出合理的路线，否则一旦设计失误，再想去补救就会非常麻烦。

如下图所示，进入游戏界面。

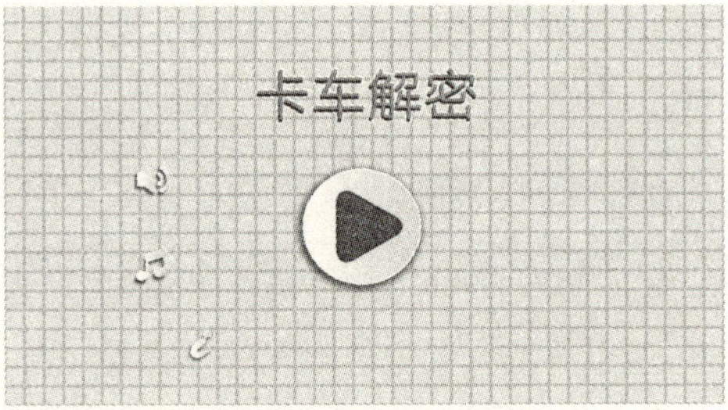

“卡车解密”APP进入界面

游戏分为3个区域，分别是地面、水下、无重力。需要先通过地面区域的测试，才能解锁后面两个区域，如下图所示。

“地面”区域进入界面

进入第一关，如下图所示，只需将卡车上面的方块移动到指定区域即可过关。

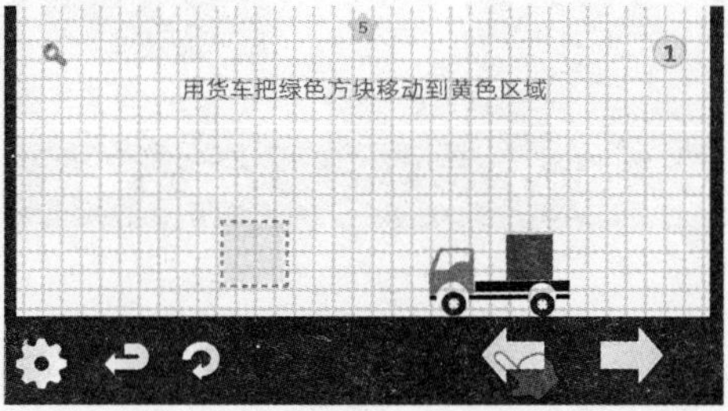

游戏第一关界面

第一关很容易通过，左右直着开就行了。此过程对大脑的刺激力度微弱，不过随着难度的增加，游戏对玩家的思考能力会越来越高。

来到第二关，游戏给出了提示，让玩家为货车画一条路径，如下图所示。相信如果没有提示，很多人都会选择直接开着货车冲下去。

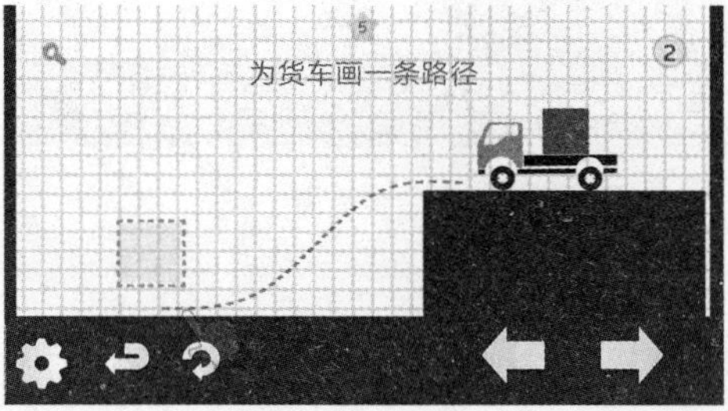

游戏第二关界面

进入第三关，系统不再给提示，接下来就要看玩家自己的水平了，如下图所示。

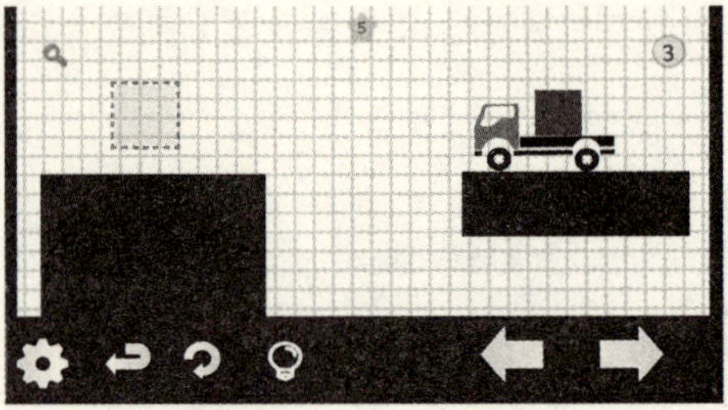

游戏第三关界面（1）

如下图所示，笔者随手画的坡道有一段悬空的距离，结果卡车根本上不去，这是没有充分思考的后果，于是开始修补，但是坡道是不可后续的，所以辅助线都掉了下去。

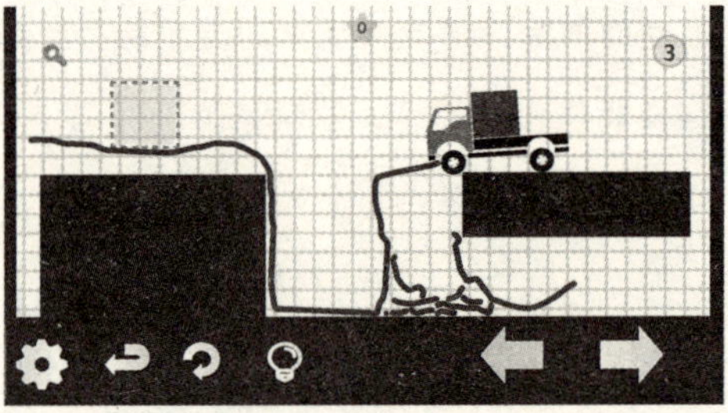

游戏第三关界面（2）

经过一番琢磨与尝试之后，笔者才意识到需要重新补一块坡道，这样才能让小卡车通过，如下图所示。

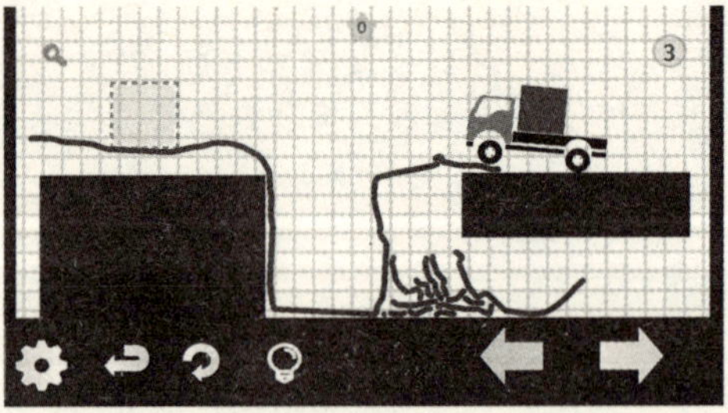

游戏第三关界面（3）

实际上，此关只需画一条横线即可，但是由于自己思考不充分，随手就画了一条U形坡道，结果卡车坠崖了，如下图所示。

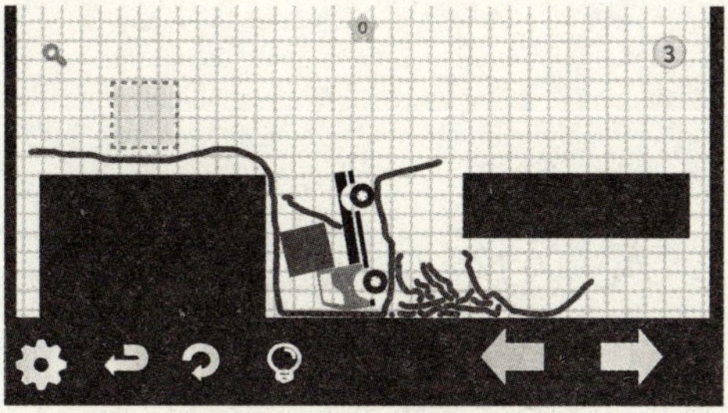

游戏第三关界面（4）

一般来说，游戏的前几关都是非常简单的，是便于玩家理解游戏规则而设计的。玩家自己玩的时候，越往后难度越大，对大脑理解能力的考验也越大。

第八章

CHAPTER 8

大脑运动功能区的快速训练法

大脑运动功能区概述

大脑运动功能区是最先开始成长的大脑区域，因为人类天生就会运动，运动早于语言、视力、听力等多种能力，大脑首先需要运动功能区去控制人体的运动。针对该区域的训练可以同时对其他大脑区域产生积极的影响。例如，足球比赛过程中，大脑运动功能区不断受到刺激，同时大脑视觉功能区也会得到训练，因为你必须时刻观察队友与对手的位置。大脑思考功能区也会受到刺激，需要考虑谁的位置最好，怎么传球才有利于队友接球。大脑运动功能区的运用并非只是在体育比赛中，只要是涉及身体运动的项目，都会运用到该区域。并且，一旦启动大脑运动功能区，通常其他功能区也都会被启动。例如，弹奏乐器的时候看乐谱，需要用到大脑视觉功能区；听音乐，需要用到大脑听觉功能区；思考怎么弹奏，需要用到大脑思考功能区。可以说，大脑运动功能区的运用与其他大脑功能区紧密相连，经常参加这些活动就相当于同时锻炼了很多大脑功能区。

此外，大脑运动功能区还与大脑情感功能区相连。例如，春天来临的时候，暖暖的春风吹拂到脸上，心情是不是很好？这就是在调动大脑情感功能区。这么好的天气，怎么能待在家里呢？一定要出去走走，这就是在调动大脑运动功能区。

K歌时手舞足蹈，有效预防大脑衰老

参加各种体育活动，尤其是团队性的竞技比赛，对于锻炼大脑运动功能区来说，效果是最好的。然而，还有很多人不喜欢运动，怎样锻炼这部分人的大脑运动功能区呢？只要能够愉快地运动身体，就会起到锻炼大脑运动功能区的作用。记住，一定要带着好心情运动，如果逼着自己参加体育锻炼，心里背上沉重的负担，就不能起到很好的作用。

很多人都喜欢唱卡拉OK，这虽然不算是运动，但能锻炼大脑的运动功能区。如果一个性格内敛的人，唱歌时静静地坐在那里，或者呆呆地站在原地，这样就无法锻炼大脑运动功能区。

如果想锻炼大脑运动功能区，就不要不好意思，而要试着跟随节奏舞动身体。唱歌的时候加入一些肢体动作，可以从幅度较小的动作开始。慢慢地你会发现很有趣，再加入一些幅度较大的动作。在此过程中，还可以锻炼大脑情感功能区与大脑思考功能区，因为唱得情到深处，可能会想到过往的点点滴滴。

K歌时加入一些肢体动作

除了唱歌之外，更好的锻炼方式是跳舞。每天坚持跳广场舞的大爷、大妈们，其大脑运动功能区一定保持得比较活跃。坚持跳舞可以延缓大脑运动功能区的衰退速度。如果一个性格内敛的人不好意思在大庭广众之下跳舞，可以自己在家模仿MV中歌手的舞姿。在习惯了这种方法之后，还可以进一步提升，就是自创舞蹈。可以根据自己的想象，随意扭动身体，这是一种主动运动的方式。相对于模仿他人的被动运动的方式，这种方式对于大脑运动功能区的刺激幅度更大。

延伸阅读

唱歌跳舞可以预防大脑衰老

唱歌跳舞时，大脑处于兴奋状态，身心愉悦、情绪亢奋，能够充分刺激脑神经。同时，在唱歌跳舞的过程中，会尽可能记忆歌词，回想下一个动作，这些都可以对大脑形成良好的刺激。而且，科学研究证明，经常锻炼的老年人能够有效逆转大脑的衰老过程，其中跳舞就是最显著的运动方式之一。

德国神经变性疾病中心的凯瑟琳·雷费德博士表示："锻炼可以有效减缓甚至抵消与衰老有关的脑力和体力的衰退。在研究中，我们发现两种不同的锻炼方式（跳舞和耐力训练）都能增强大脑中随着年龄增长而衰退的区域。相比之下，只有跳舞能在改善平衡方面带来显著的行为改变。"

恢复手写笔记的习惯，有效刺激大脑

对于学生来说，每天都有大量的手写任务。但对于职场人士来说，基本上都是用手机、电脑打字，很少再有人坚持手写笔记的习惯。手写笔记的习惯虽然效率低，但是能够加深记忆，相当于刺激了大脑记忆功能区与大脑运动功能区。虽然打字也能锻炼大脑运动功能区，但是效果有限。写字则需要大脑对手指的精准控制，可以扩大大脑区域的调动范围。同时，写字还能刺激大脑的思考功能区，因为需要想一想这个字该怎样写。对于情感功能区的刺激也有一定效果，如果心情比较着急，那么写出来的字迹肯定很潦草；而放松的时候一笔一画慢慢来，写出来的字迹就会非常工整。

现在电脑这么普及，什么时候需要手写笔记呢？其实只要开动脑筋，途径还是很多的。例如，可以手写工作计划、工作日记。每天早上，将一天的待办事项记录在笔记本上；每天工作结束后，将一天的收获总结一下。还可以写读书笔记，将对这本书的心得体会和这本书的关键点都记录下来，方便日后查看。养成手写笔记的习惯是很重要的，尤其是对于大脑记忆功能区的刺激。通过手写的方式能够有效加深记忆力，读3遍单词不如手写一遍。很多科研人员早就通过实验证明了手写能够增强记忆力的观点。做笔记的过程是对资料的重新梳理与记忆的过程，对大脑的很多区域都有刺激作用，而通过电脑记录刺激效果相对来说要弱一些。

延伸阅读

手写刺激大脑记忆功能区与理解功能区

美国心理科学协会（APS）做过一项研究，当人们放弃电子设备，转用传统的笔和纸做笔记之后，其记忆能力与理解能力都会得到有效提升。此外，手抄记录还有助于提高人的听力、认知能力和总结信息的能力。

那么，如何进行手写练习呢？

针对学生：

（1）利用课间休息的时间，将重点知识快速记录在本子上；

（2）午休之后，回顾上午的具体课程，根据课间笔记提出问题，再次总结知识点，并记录在本子上；

（3）晚上复习的时候，根据全天的笔记内容进行解题，加深记忆。

针对职场人士：

（1）每天早上手写当日计划；

（2）工作中遇到问题时，通过手写记录，在空闲时进行回顾，解决问题；

（3）每天晚上进行总结，将一天中需要记录的内容重新整理一遍。

临摹画作提升空间认知能力

画画也是锻炼大脑运动功能区的方式之一，对于非科班出身的人来说，模仿别人画作的方式更为简单可行。因为在没有任何绘画基础的前提下，如果想要即兴创作一幅画，可能想不出画什么，怎么画。虽然会绞尽脑汁思考，锻炼了大脑的思考功能区，但也只能画出一些简单的图像。倒不如先模仿他人画作，尤其是名画，因为名画中包含了更多细节。绘画行为能够有效提升空间认知能力，因为在这个过程中，需要考虑纸张的大小，思考应该在多大范围内进行绘画等问题，相当于大脑思考功能区与大脑运动功能区都得到了锻炼。

对于既没有绘画基础，又不知道画些什么的人，这里推荐两种方式。一种是画简笔画，这是一种很好的放松方式，同时还可以锻炼大脑潜能。简笔画非常简单，一分钟就能学会，无论是孩子还是成年人，都可以快速掌握。另一种是临摹名画，选一些大师的作品，如凡·高、毕加索等，或是临摹一些自己喜欢的其他作品。这个过程不仅会提高审美能力，同时还会锻炼大脑视觉功能区和大脑理解功能区。

临摹画作

不坐电梯，试试跳着上下楼梯

住在高层的用户，爬楼梯的应该非常少，跳着上下楼梯的更是没听说过。如果你还年轻，又想要锻炼大脑，就可以试试这种方式。

爬楼梯是有好处的，除了能够锻炼身体之外，还可以锻炼大脑的运动功能区。跳着上下楼梯不同于一般的爬楼梯方式，无论是上楼梯还是下楼梯，都需要跳过一个台阶。这种方式需要考虑好落脚点的位置与时机，否则容易摔倒甚至受伤。需要集中注意力考虑落脚点，就是在锻炼大脑的思考功能区，给大脑带来与平时不一样的刺激。

刚开始训练的时候，采用跳着上楼梯的方式，当熟悉之后，可以增加难度，采用跳着下楼梯的方式。跳着下楼梯的难度更大，因此对大脑刺激的幅度也更大。需要注意的是，跳着下楼梯的难度较大、风险较高，腿脚不便的或运动能力较差的人群不宜用此种方法。

跳着上下楼梯（危险动作，谨慎模仿）

游泳健脑，增加大脑血液流量

游泳是一种非常好的锻炼方式，不仅可以锻炼全身的肌肉，还能够锻炼大脑的运动功能区。澳大利亚的科研人员做过一项研究，发现游泳可以增加大脑血液流量，有益大脑的健康。这项实验由西澳大利亚大学体育科学学院的霍华德·卡特博士主持，被试者是一组健康的成年男性。卡特博士要求被试者站在一个空池子中，然后开始注入30℃的温水，直到水位达到被试者右心房的水平为止。之后，研究人员让被试者在水中活动，可以游泳，也可以在水中行走等。研究人员通过仪器进行测量，记录被试者的大脑血液流量速度。

结果显示，当被试者浸在水里时，大脑中动脉血流量增加了14%，大脑后动脉血流量增加了9%。卡特博士表示，水下运动有助于改善血管健康，提高认知能力。

同样是来自澳大利亚的研究人员，选取了两组儿童进行测试。第一组儿童参加了游泳培训课程，第二组则没有参加。结果显示，经常游泳的孩子在掌握语言、学习骑车、建立自信及身体发育方面都更快、更好。也就是说，经常游泳的人会更聪明。因为在游泳的过程中，还可以锻炼大脑的其他功能区，如需要反复计算游泳的距离，有利于提高大脑计算方面的能力。

不会游泳的人怎么办？只要在水下进行有氧运动，同样可以起到锻炼的作用。例如，可以在水中行走。这些运动都能够刺激大脑，锻炼大脑运动功能区，当然也要注意安全。

40分钟中等强度的运动量最合适

运动能够提升大脑的认知功能，指的是规律性的运动，而且要根据个人的特点适度、适量运动。

美国运动学专家亚力克斯·哈钦森曾经指出，30分钟（包括热身和冷却身体的时间）中等强度的自行车骑行对大脑的益处要高于55分钟的低强度运动。日本的研究者对这个观点进行了更深入的研究，探求运动时间和强度对认知表现的影响及影响持续的时间。受测者分别进行20分钟的低强度运动、20分钟的中等强度运动、40分钟的低强度运动，然后对比他们的认知表现。结果显示，20分钟的中等强度运动与40分钟的低强度运动，其运动量是一样的，但20分钟中等强度的运动对于认知能力的改善更为明显，且持续时间更长。研究者还对中等强度的运动进行了分别测试，选取了10分钟、20分钟和40分钟3个时间段。结果显示，40分钟运动的受测者显然具有更好的认知能力。

APP训练法　Fit健身——韩寒推荐的全民健身神器

“Fit 健身”APP 提供了高品质训练视频，有清晰的动作示范，方便使用者跟着学习。模仿专业教练的动作，会充分调动大脑思考，活跃大脑运动功能区。

下载 APP 之后，进入登录界面，如下图所示。

“Fit健身”APP登录界面

选择免费试用进行练习，感受一下具体效果，如下图所示。

免费试用界面

例如，希望减掉“啤酒肚”，可以选择腹部减脂。点击进入后可以看到一共有16个动作。每个动作都有详细的视频介绍，方便健身者进行模仿，如下图所示。

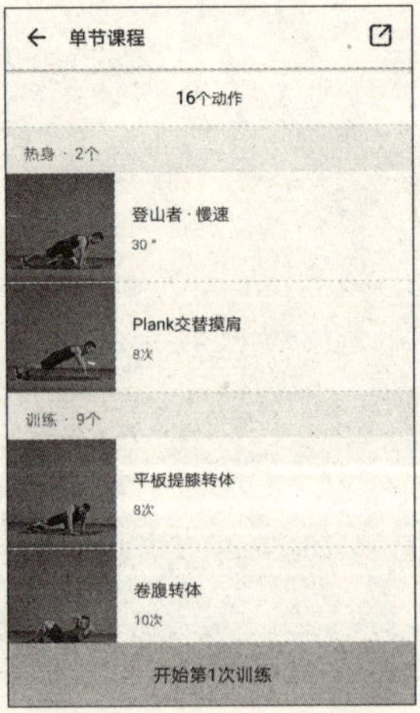

单节课程界面

选择“登山者·慢速”动作详解，点击后会有详细说明及视频辅导，如下图所示。

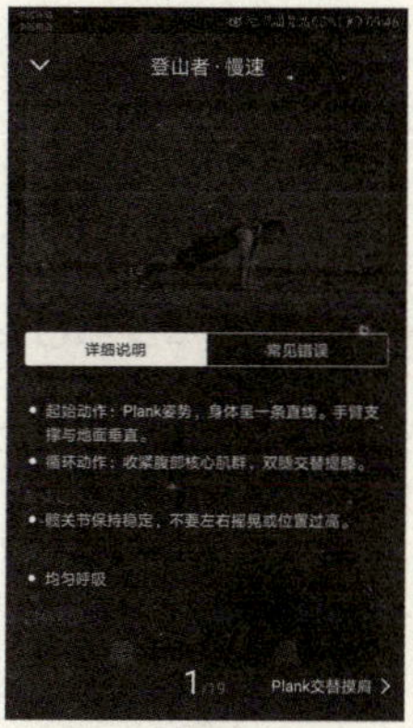

“登山者·慢速”界面（1）

还有一些常见错误，都是在健身过程中需要重视的注意事项，如下图所示。此过程能够充分调动大脑的思考与运动功能区。

“登山者·慢速”界面（2）

需要注意的是，本书的主要目的是锻炼大脑而非健身，所以在模仿健身动作的过程中，关键是思考，要想一想每个动作的要领是否适合自己，这样才会实现健脑与健身的双向受益。

第九章

CHAPTER 9

大脑听觉功能区的快速训练法

大脑听觉功能区概述

大脑听觉功能区是在人出生几个月以后开始逐渐发展的。随着母亲不断跟婴儿讲话，婴儿的大脑听觉功能区渐渐发育，左脑的语言功能区开始变得发达。婴儿出生之后，母亲不断与其讲话很重要，这样可以刺激婴儿的大脑听觉功能区，开发孩子的听力潜能。婴儿想要理解语言，就会努力激发大脑听觉功能区的细胞，从而实现该功能区的快速成长。成人也是如此，如果想要发展一个大脑功能区，就要主动思考做什么才能激发该功能区的潜能。例如，要锻炼大脑听觉功能区，最先想到的就是听音乐。例如，听英文歌曲并试图理解歌词含义，此过程不仅能锻炼大脑听觉功能区，还能锻炼大脑理解功能区。从事与音乐相关的职业的人，大脑听觉功能区都会相对发达一些。此外，像电话接线员、客服人员等，他们的大脑听觉功能区也会相对发达一些。

听着收音机睡觉，充分发挥听觉能力

提起听收音机，很多年轻人都会笑，这不是老年人的习惯吗？而且为什么要一边听收音机一边睡觉呢？因为睡觉的时候，在漆黑的房间里，大脑视觉功能区不必再工作了，全部意识集中在“听”这件事上，此时锻炼大脑听觉功能区再好不过。

听广播的话，一般人可能会选择听音乐。那最好选择外文歌曲，而且还要试着理解歌词的内容，否则效果不好，还容易睡着。建议听一些需要增加理解能力及激发场景想象的节目，这样更容易集中精力，调动大脑的理解功能区。

日本的相关科研人员发现，广播是锻炼大脑最合适的媒体。如果经常看电视、电脑、智能手机这类产品，大脑的能力就会降低。而广播只能提供听觉信息，为了捕捉信息，整个大脑都需要积极运转起来。在此过程中，人们会运用到场景想象的能力，将听到的内容转化为画面。研究人员发现，在听广播的过程中，大脑中主管创造性的脑前叶部分会非常活跃。由于电视的信息是利用影像在短时间内进入大脑的，没有想象的过程，所以看电视时脑前叶的活动会明显减弱。

现在来思考一个小问题：广播电视剧、访谈节目、天气预报这3种广播节目，哪一种对大脑听觉功能区的刺激效果最好？

研究结果表明，天气预报是调动大脑效果最好的节目。试验中，研究人员发现平时不经常收听广播的人，当他们听到天气预报时会很难理解；而平常习惯听广播的人，信息很快就会进入大脑。因为通过广播收听天气预报时看不见影像，需要通过场景想象的方式联想各个地区，联想是下雨还是刮风，还会联想各个地区的地貌特点，甚至是各个地区的省会、景点、名吃……

总之，大脑会快速想象一幅相对完整的地域信息图。而看电视中播放的天气预报时，由于可视化，人们可以轻而易举地看到那个地区是下雨还是阳光普照，因此留给人的想象空间变小了，对大脑的刺激幅度也就会减小。

主动思考：看新闻并复述核心内容

在看电视新闻时，如果不进行主动思考，对大脑的刺激是非常有限的。也许只会在看到自己感兴趣的新闻事件或犯罪类新闻时，才会集中注意力。还有一种方法可以充分锻炼大脑听觉功能区，就是在一段新闻结束之后，快速复述其核心内容。这需要你非常仔细地听，同时调动大脑记忆功能区，回想刚刚新闻都讲了些什么内容，还需要运用大脑理解功能区，因为需要用精练的语言进行复述。最初进行训练时，肯定会有难度，如某段新闻内容较长，或者是自己不感兴趣也不理解的内容，复述起来比较困难。如果无法完整复述核心内容，就试着将听到并记住的内容讲出来。通过不断练习，能力会逐渐提高，能复述的内容也会越来越完整。

当这项能力得到提升之后，就可以进行能力迁移，转移到其他领域。例如，上司在传达命令时，如果你无法完全跟上对方的语速，就很难做到100%理解。尤其是有一些上司，喜欢不停地说，直到自己表达完毕为止，完全不管下属是否能够理解。面对这类上司，需要有快速理解能力和一定的复述能力。

外出时随机听取感兴趣的内容

信息时代，走在街上会传来各式各样的信息，人们对不感兴趣的内容会一带而过，感兴趣的内容则会稍加留意。实际上，这是一种信息甄选的过程，可以刺激大脑的听觉功能区。

我们在外面闲逛的时候，也可以锻炼大脑听觉功能区，如逛商场、超市的时候，听广播里介绍产品信息，就是不错的锻炼机会。尤其是对你有用的信息，如××产品打折促销。这种信息一般比较简短，最适合初学者进行锻炼。很多商场还会播放音乐，这种情况下你可以根据旋律猜歌名。人们在听音乐的时候，左脑的听觉功能区负责理解歌词部分，右脑的听觉功能区负责欣赏旋律。因此，每当音乐响起时，随机听取歌词、欣赏音乐的过程，也可以有效锻炼大脑的听觉功能区。有时候商场还会插播寻人启事，如某个小朋友走丢了，请家长到咨询台领人，这种情况下你可以刻意练习记住小朋友的名字和特征，有可能还能帮上忙呢！

会议过程中进行听觉训练

开会是锻炼大脑听觉功能区的方式之一，因为在这个过程中必须记住会议要点，所以需要非常仔细地听，并且筛选出重点内容进行记忆。如果是比较重要的讲话，如老板、直属上司的讲话，就会使大脑神经顿时紧张起来，必须集中注意力，快速、准确地进行记录。这样的紧张感能够充分调动大脑听觉功能区。

在会议过程中进行听觉训练是有技巧的，不能一味地依靠大脑听觉功能区，还要与其他功能区紧密结合，如大脑理解功能区。然而，这也不足以记住会议的核心点，因为科学实验已经证实，人类对于声音的记忆效果非常差。相比之下，会议期间看见或触摸过的东西比听见的东西更容易记住。也就是说，大脑听觉功能区还要与大脑视觉功能区、大脑运动功能区结合起来。尤其是记录会议要点，如果只凭记忆力，会议结束之后就可能忘了，工作也会受到影响。因此，研究人员建议记录的时候，最好是手写记忆，并为文字配图。

为什么听觉记忆很不靠谱？美国的科学家做过一项实验，要求被试者倾听几组“哔哔”声，并判断每组的声音是否完全相同。每组“哔哔”声之间的时间间隔逐渐增加，从而记录被试者回答的准确性。结果显示，4~8秒之后，被试者记住“哔哔”声的能力开始下降。同时这也说明了很多人记不住电话号码的原因。初次见面时，对方告诉你手机号，也许当时你能记住，然而过了几分钟之后，可能就会忘了。美国爱荷华大学的研究学者艾米·博朗巴说过：“如果某人给你号码，你立即就拨号一般不成问题。但如果你在此期间做点别的事，然后再回想这个号码，那么忘记它的概率就很高了。”科研人员还让被试者做了另外两项实验，分别是测试视觉记忆与触觉记忆的，结果都比听觉记忆的效果更好。

综上所述，在会议过程中进行听觉训练，不要过于自信，还是要按照听—记—写的过程进行，将听到的内容在大脑中进行记忆，然后写到本子上。会议结束之后不要看本子，回忆一遍记忆的内容，这时基本都能轻松复述出来。下午的时候，再次回忆开会时讲的重点，很多人可能就会出现遗漏，这时可以通过翻看笔记再次加深记忆。每隔一段时间进行一次检视性记忆，这样做有助于加深记忆效果。通过上述的方式练习，既能锻炼大脑的听觉记忆功能区，又不会遗漏会议重点。

延伸阅读

边唱边记

每个人都有一些自创的记忆方法，虽然没有经过科学证明，但对自己来说确实有效。因此需要找到适合自己的方法，只要能够帮助提升记忆力就可以。例如，有人喜欢把记忆的内容编成一首歌。以开会为例，会议重点是上个月的销售业绩汇总、客户拜访和下个月的业绩目标。可以选择一首自己非常熟悉的歌曲，然后试着边哼唱旋律，边把会议重点作为歌词编进去。这样的记忆效果会更好。除了边唱边记的方式，还可以选择耳熟能详的电影台词。按照同样的方法，把要记住的内容重点编成台词。

以上所述的方式有一个前提，就是改编之后的语言要朗朗上口，如果特别拗口则不利于记忆。

APP训练法 疯狂猜歌——让大脑快速运转的音乐训练

经常进行音乐训练对锻炼大脑听觉功能区非常有益，能够有效改善听觉处理功能，如提高认知、语言和识字技能。

音乐是大多数人都喜欢的一种娱乐形式，尤其是流行音乐受众更为广泛。“疯狂猜歌”APP是一款猜歌名的软件，对锻炼大脑听觉功能区简单而有效。通过听一两句歌词就要立刻猜出歌名，从而刺激大脑飞速运转，这样可以同时训练大脑的听觉功能区与记忆功能区，因为需要认真听歌词，同时快速回忆歌名。

这款APP内容很简单，一共600首歌，其进入界面如下图所示。

APP进入界面

点击“开始游戏”按钮后，音乐只播放几秒钟的时间，也就是唱一两句。虽然音乐结束之后还可以继续，但是为了增加锻炼难度，建议在音乐截止之前回答出来。

以下图中这道题为例，答案是6个字的歌名。要想答对，不仅需要对歌词、旋律都很熟悉，还需要眼疾手快。快速找出6个字的歌名——青春修炼手册，此过程考验的是大脑的反应速度及观察能力。

游戏界面（1）

回答正确后得1个金币，继续进入下一题，如下图所示。

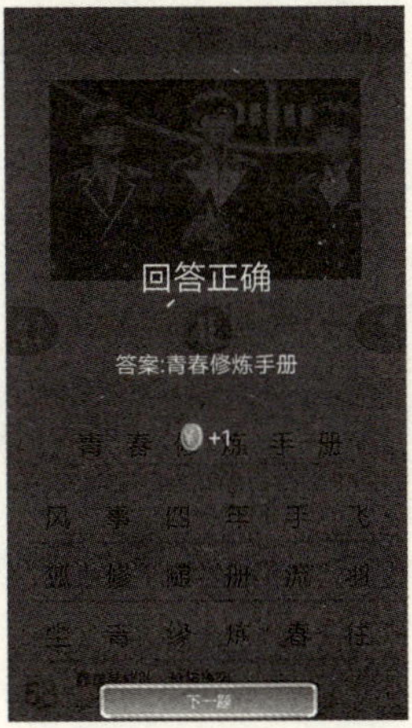

游戏界面（2）

这款游戏看似简单，但实际上想要在歌曲结束之前就回答出来则一点都不简单，因为提示只有一两句比较有代表性的歌词。这个过程需要有很强的听觉能力，大脑还要开始快速思考，回忆歌名。如果不是非常熟悉的歌曲，很难马上想出答案，即使想到了答案，歌曲也快结束了，这时还需要找到与歌名相对应的字，非常困难。其中有一个小窍门，因为每首歌曲都是选择最有代表性的那一两句歌词，所以有时候歌词本身就包含了歌名，也就相当于提示答案了，只需填对字即可。

第十章

CHAPTER 1 0

大脑视觉功能区的快速训练法

大脑视觉功能区概述

大脑视觉功能区在哪里？平躺在床上，头部后面与枕头接触的部分就是大脑视觉功能区。左脑的视觉功能区主要负责读取文字，右脑的视觉功能区则是以识别图形、图像为主。右脑视觉功能区发达的人，对于图像的理解力会更强，如看漫画书，即使没有文字对白也能看懂。相较于左脑发达的“语言型人”来说，右脑发达的“图像型人”更少。学习成绩较好的学生，一般都属于“语言型人”。“图像型人”也有很多适合的职业，如画家、设计师、赛车手、汽车技术开发等，这些职业都要求通过图形理解任务，从事这些职业的人右脑更为发达。

上班路上的微表情观察课

与锻炼大脑理解功能区类似，在上班途中观察陌生人是最有效的锻炼方式之一。在上班路上，可以通过观察某个人的表情和行为方式，具体分析这个人的信息，包括其职业、性格、心理状态等。虽然无法得知准确的结果，却可以起到锻炼大脑的作用。

对于学生来说，因为没有接触社会，其阅历相对来说比较简单。如果看到一位学生模样的人展现出愁眉苦脸的表情，很可能是出于下面几种原因：要么是与学习相关，如考试压力所致；要么与人际交往相关，如与同学发生了矛盾；要么就是与情感纠纷相关，如失恋了。我们还可以人为地增加难度，如看到某个人的相貌之后，进行视觉联想，找到与其长相接近的人。例如，看到路人甲，努力想他是不是与某位明星相貌相似，或者他的具体某个部位和某个明星相似，如嘴唇跟布拉德·皮特的很像，眼睛跟汤姆·汉克斯的很像等。通过在人群中随机搜索，努力发现熟悉的相貌，同样可以锻炼大脑的视觉功能区。

成年人的表情则较为复杂，因为对擦肩而过的人并不了解，不知道对方的职业、性格、喜好等，所以从相貌、表情、行为、着装等因素对其进行判断，对大脑视觉功能区的刺激就更大一些。在进行观察的时候，可以试着记住某个人3个明显的特点。坐地铁的时候，看到一位很有气质的女士，第一时间确定对方3个特点，如身材高挑、气质不凡、着装得体。到单位之后，快速回忆并写下这3个特点。下班的时候，再次回忆，看看是否还记得这3个特点，并试着在脑海中描绘出她的样子。当掌握了这种方式之后，就可以增加难度，如每次上班的时候随机观察3个人，分别列出他们的3个特点。还可以进一步增加难度，通过初次见面留下的印象，分析对方的性格、心理状态等，然后描绘一幅其在办公室与人交往时的景象。此过程会同时锻炼多个大脑功能区。通过观察对方的表情、行为，进一步演化为视觉想象，从而最大化刺激大脑的视觉功能区。此方法需注意礼节和尺度，不要给人不礼貌的感觉。

出行时迅速锁定感兴趣的广告牌

在信息爆炸的时代，人们最厌烦的事物之一可能就是广告，它们无处不在。不过在乘车途中或一个人漫无目的地闲逛时，不妨通过观察广告锻炼自己的大脑视觉功能区。因为现代人从小耳濡目染，所以大部分广告对人的视觉冲击力有限，但是也有一些不错的广告能够吸引人们的注意力，这就是所谓的“关注点”。需要快速锁定这些点，然后记住它们。快速锁定有“关注点”的广告，主要有以下两种方式。

1. 按需求

如果最近确实有某方面的购物需求，就会带着目的寻找。例如，一名体育爱好者平时喜欢打篮球，最近要参加一场篮球比赛，需要买一双新鞋，外出时他就会留意鞋类广告。假如在乘车途中看到一新款篮球鞋广告，他的注意力就会被快速锁定，然后大脑开始分析鞋子的款式、颜色跟自己是否匹配，如果符合要求，大脑就会进一步搜索该款篮球鞋的信息。

2. 按兴趣

如果没有明确的需求，人们一般都会将目光落在自己感兴趣的广告上。例如，一位很时尚的女孩很容易被服装、香水类广告所吸引。初始训练可以从感兴趣的广告开始，找到喜欢的产品，分析、记忆该产品的特点和吸引人的地方，如新颖的服装款式、亮丽的色彩……之后再提升难度，从不感兴趣的广告中寻找其特点。例如，对汽车毫无兴趣，在看到一款新车型的广告时，要求自己找出新款车型与旧车型的不同点。由于是在路上看到的广告，转瞬即逝，留给你观察的时间很短。因此，必须在短时间内充分调动大脑的视觉功能区，同时尽可能记住该款车型的特点，然后调动大脑的记忆功能区，回忆它与之前几款车型的区别。再调动大脑的理解功能区分析新款车型的优势与缺点，是否值得购买等。

除了按照上述方式练习之外，还可以自己创立一些规则。例如，在上班途中留意广告牌的颜色，一共有多少块白色的广告牌。假设第一天观察到10块白色广告牌，第二天再进行验证，这样坚持5天，计算出平均值，以此检验每天的专注度。还可以通过寻找广告牌中数字的方式进行练习。例如，很多麦当劳广告都会写某款汉堡只要10元，在路上可以进行数字搜索，看看有多少块广告牌带有数字“10”的信息。这类寻找特定信息的练习对大脑视觉功能区的要求更高，锻炼效果也更好。

快速穿行训练，让大脑飞速运转

快速穿行训练是指在人多的地方，尤其是节假日繁华的景点快速穿行。虽然人山人海，有时甚至寸步难行，但要在不打扰其他人的前提下从中快速穿行。在这个过程中视线需要不断移动，寻找空隙，“见缝插针”，才能在尽可能短的时间内实现迅速移动。

对于初学者，并不建议在较高的难度下练习。可以先找到一个高位置点，看看这条街一共有多长，哪里的人群相对较少。长距离观察之后，再进行短距离观察，也就是不断在人群中寻找空隙，不断穿插前行。这个过程需要频繁移动视线，能够充分刺激大脑的视觉功能区。

这项训练中最困难的是心理分析部分，因为需要了解每个人的心理状态，从而预测他们的行为。例如，站在前面的女生，她的眼睛注视着左前方的臭豆腐摊位，很可能要往左前方走，这时就需要在分析之后做出预判：她一向左前方移动，右前方的空间就会空出来，就可以再从右前方向前进一步。然而，很多时候人们只是利用了大脑视觉功能区，单纯地寻找空隙。例如，前面女生的右侧出现了空隙，但如果没有预判正确，肯定会试图从她的左侧穿过去，但是对方其实是要往左前方走的，这样势必会挡住你的去路。因此，在人群中寻找空隙并不简单，不只是锻炼大脑视觉功能区，还会锻炼大脑理解功能区，甚至是大脑听觉功能区。假设这个女孩不是一个人，肯定会跟小伙伴说，“那个臭豆腐不错，我们去尝尝吧”，这样的信息同样可以帮助判断。

需要提醒大家，这样的练习一定要注意礼节，不要因此打扰到他人。

视觉愉悦：跟明星学穿衣搭配

明星的穿衣搭配一般都有专业人士负责，尤其是时尚明星，他们在荧幕上总会呈现最靓丽的一面，让人赏心悦目。生活中，很多人都会仿照明星的穿衣搭配，如明星同款的衣服销量都非常好。实际上，在跟明星学穿衣搭配的过程中，能够很好地锻炼大脑视觉功能区，只不过需要掌握相应的方法。如果只是从电视、杂志上快速浏览一遍，那么对大脑视觉功能区的训练并不充分，只是带来了短暂的愉悦感。正确的练习方法是通过可视化加深记忆，如在电视上看到××明星的服饰很漂亮，然后找到相应的照片，打印出来；或者在某本杂志上看到了不错的服装搭配，裁剪下来。将照片贴在墙上，或者随身携带，夹在笔记本里面。总之，目的是确保每天都能看到，让这种印象扎根于大脑中。

我们身处信息时代，每天都有海量信息向我们涌来。即使看到自己感兴趣的事物，如果只是一扫而过，那么回头再想时会发现根本记不住。如果在街上看到喜欢的商品，可以拍照，这是一种记忆方式，也是一种习惯。因为有的东西只是觉得它还不错，暂时被吸引，如果当时无法决定是否有必要购买，最好的方式就是拍照，之后想起来可以再看。当然，明确禁止拍照的地方就不要拍照了。

可视化的形象会刺激大脑的视觉功能区，加深记忆。如果通过电视、网络、杂志等媒体看到明星靓丽的服饰，只是一种被动的视觉思考方式，那么将具体形象可视化之后，就会变成一种主动的视觉思考方式。在频繁看到照片时，如果依旧感兴趣，就会刺激人们主动进行穿搭，去寻找同款衣服，然后试一试穿在自己身上的效果。在这个过程中，大脑视觉功能区会充分被调动起来，因为在试穿的过程中，人会变得更加灵活，会思考哪种搭配方式更好，如加一顶帽子或换一双红色的鞋。

经常进行类似的练习，对于大脑视觉功能区的刺激效果是非常不错的。

在模仿过程中进行视觉分析

在模仿的过程中，人们会通过大脑的视觉功能区进行观察、分析，对被模仿对象的表情、行为、着装及模特所在的场景、环境等因素进行分析，此过程可以同时调动多个大脑功能区。

工作中也可以通过模仿进行视觉练习，尤其是与优秀的人在一起的时候，通过模仿与思考会使自己变得更加优秀。例如，你的上司是一名很出色的管理者，你可以有意识地进行模仿，可以先从观察做起。首先可以注意他的着装，如重要场合一般都是西装革履，给人一种权威感。思考一下，如果自己在面对重要客户时也身着西装，会不会增加对方的信任感？平时工作的时候，上司总是身穿一条卡其色长裤，一件浅色衬衫，给人一种清爽利落的感觉，让人感到很舒服。联想一下自己，是否也可以尝试简洁的着装风格？在上司工作的过程中，注意观察他的言行举止及当时的环境，看他是如何待人接物的，这一切都需要调动大脑视觉功能区，然后将值得学习的地方记下来，此时需要用到的是大脑记忆功能区。接下来，需要思考这样做效果更好的原因，这时用到的是大脑理解功能区。

通过模仿的形式可以调动多个大脑功能区。因为模仿是一个主动的过程，需要积极获取一切所需信息，在此过程中，大脑多个功能区都会被激活。

每天进行表情训练并画出来

如今，表情训练不再只是演员的必修课，在生活和工作中每个人都会用到，这也是高情商的表现之一。面对不同的人，身处不同的场合与情境，需要展现不同的面部表情。例如，假设你刚刚跟妻子在电话中大吵一架，却被领导派去见一位重要客户。如果你一脸沮丧，势必会影响工作，这时无论生气与否，都要展现笑容，如果没有平时的练习，就很难做到。

每天对着镜子练习各种各样的表情，能够刺激大脑的视觉功能区。这时需要你对着镜子观察自己的各种表情，每天训练的时间不用很长，5~10分钟即可，也可以利用洗漱的时间进行。最实用的练习就是笑，每天进行不同笑容的练习，微笑、浅笑、大笑、傻笑……仔细观察镜子中的自己，筛选出最适合自己的笑容类型。然后锁定这种笑容，把它深深烙印在脑海中。与人交往的时候，尽可能回想这种笑容，通过大脑回想当时的笑容状态，然后向别人展现你最好的样子。

为了进一步锻炼大脑的视觉功能区，对着镜子练习表情之后，还要试着把它们画出来。在临摹自己表情的过程中，你会观察得更加仔细，注意到每处细节，毕竟谁都想把自己画得更好一些。

每隔一段时间故地重游，激发情感回忆

故地重游往往会引发游者的各种感慨，能刺激其大脑视觉功能区。为什么会刺激到大脑的视觉功能区呢？因为当今城市变化的速度很快，隔一段时间就可能发现与之前不一样了。当看到新的景象时，大脑就会不由自主地进行回忆，这是在调动大脑记忆功能区，然后找出新场景与之前记忆中场景的不同之处。一定要隔一段时间再去，如果该地点变化不大，那么对大脑视觉功能区的刺激力度不够。在选择地点的时候，最好是选择那些让你记忆最深刻的地方。例如，第一次恋爱的餐厅、第一次约会的公园、大学校园……由于对这些地点非常熟悉，当再次来到这里的时候，很容易注意到一些细节的改变，你会非常仔细地回顾每个细节。例如，当初牵手的长椅，如今已经变了颜色；当初上大学时的体育场，如今已经重新翻修。这些细节的改变，会刺激人的大脑视觉功能区，会让人努力回忆当年的景象，并仔细观察今天的样子。

对于变化速度较快的地方，如繁荣的商业街，可以间隔较短的时间去一次。以餐馆为例，可能几个月就会换一批新的，故地重游时会发现全新的餐馆、店铺，这样可以起到锻炼大脑视觉功能区的作用。对于变化速度较慢或改变较小的地方，可以间隔较长的时间去一次，如一些比较有纪念意义的景点。可能这些景点的变化较小，但是由于时间较长，需要仔细回忆与观察，同样可以起到锻炼大脑的作用。

APP训练法　Fit Brains Trainer——增强空间感的视觉思维训练神器

“Fit Brains Trainer”中文翻译为脑力健康训练师，是一款由美国顶尖临床心理学家保罗·努斯鲍姆博士发明的APP，被90多个国家评为教育类应用第一名。

这款APP功能强大，可以训练多维度的大脑功能，这里讲解的是其中的视觉练习功能。

进入APP之后，就可以看到“形象思维”训练界面，如下图所示。

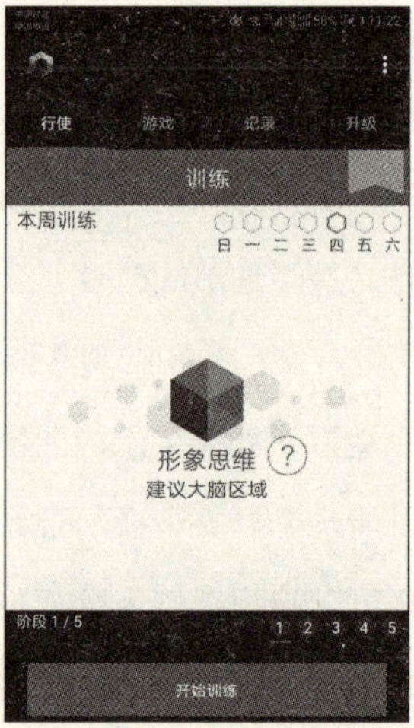

“形象思维”训练界面（1）

点击“开始训练”按钮，进行测试。第一个是堆叠圆盘的练习，如下图所示，上面的图是侧视图，下面的图是顶视图。玩家需要做的是在规定时间内，尽可能多地选择与侧视图相匹配的顶视图。

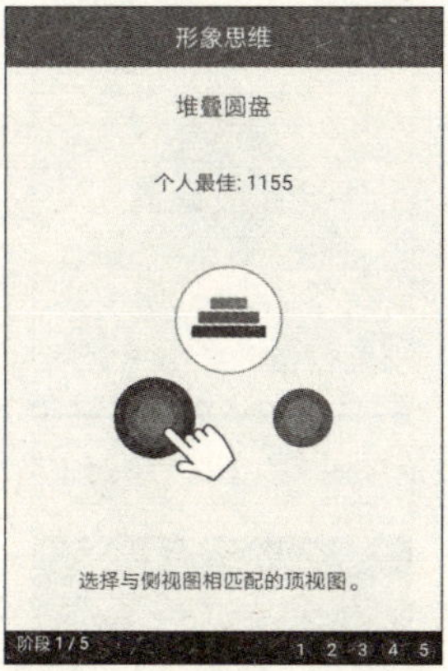

“形象思维”训练界面（2）

每过一关，难度就会增加，在时间截止之前，看看能得到多少分，如下图所示。

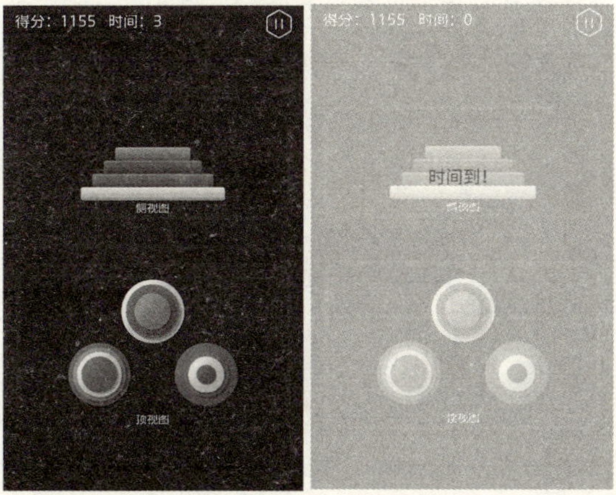

“形象思维”训练界面（3）

游戏结束，系统会给出统计数据，如下图所示。

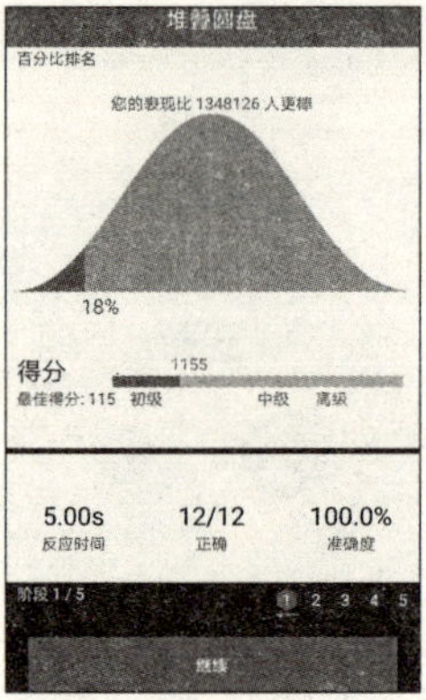

统计数据界面

这款游戏可以增强人的空间感，刺激大脑视觉功能区，有助于提升形象思维能力。该项能力在创新与解决问题时将会起到关键性作用。

这一项训练结束之后，选择“继续”选项，进入下一项的训练——影子形状。这是形象思维训练的进阶练习，难度与前面的练习差不多，考验的不仅是大脑的形象思维，还有反应速度。下图所示为“影子形状”开始界面。

“影子形状”开始界面

点击“开始”按钮，正式进入游戏。游戏很简单，如下图所示，最上面出现了一个台灯的图标，只需从下面选择与台灯形状一致的影子即可，这也是这款游戏名称的由来。

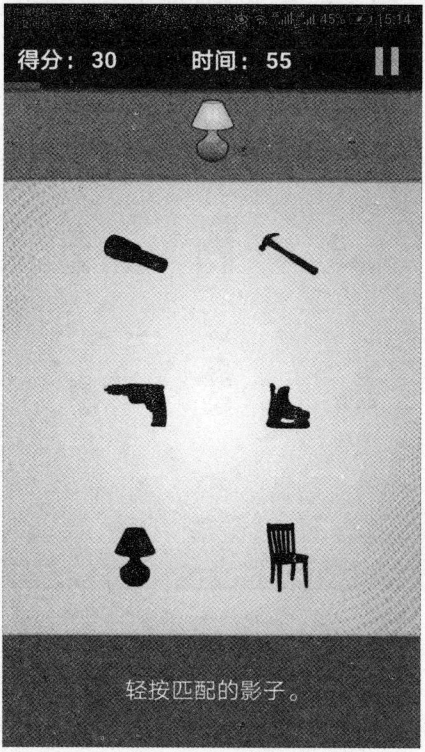

“影子形状”游戏界面（1）

刚开始比较简单，只有6个图标，很快就能选择出正确答案。在练习阶段一定要注意速度，这也是得分阶段。因为越往后难度越大，会增加大脑反应的时间。如下图所示，图标增加到9个。

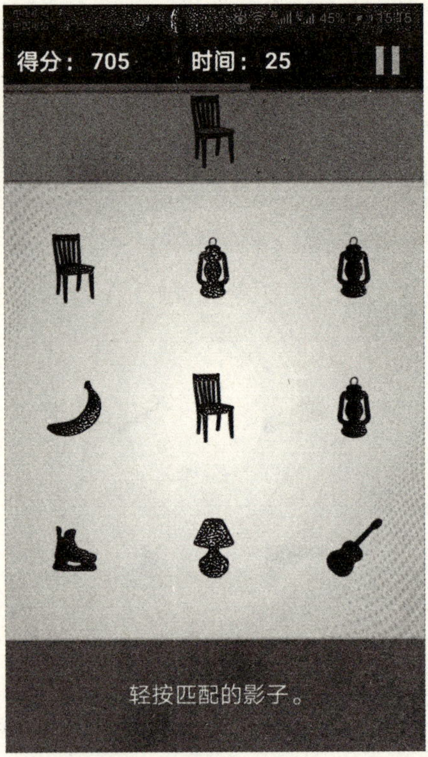

“影子形状”游戏界面（2）

如上图所示，9个图标中有2个相同的图标。在这一步需要注意，当你依照之前的经验点击图标之后，会发现这道题并没有得分。笔者在这里也卡壳了，反应了两秒，胡乱点击了几下后，发现一共有两把椅子。这是一个会耽误时间的地方，在游戏结尾处也会有倒计时，会给玩家造成一定程度的慌乱，从而影响大脑反应速度。

游戏时间结束，训练告一段落，可以看一下自己的得分，如下图所示，然后进行反复练习。

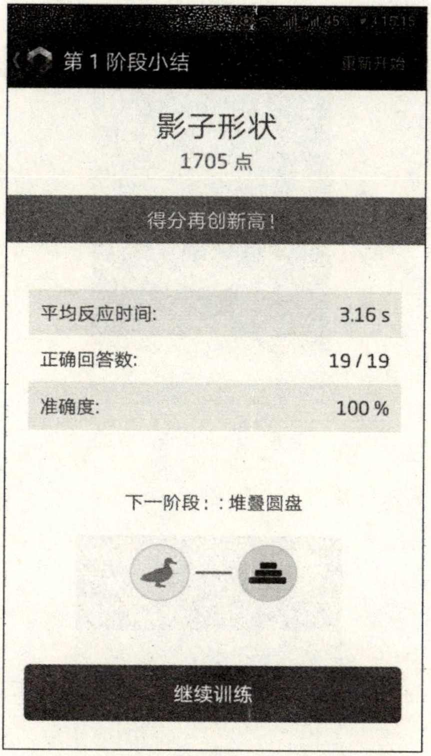

"影子形状"游戏得分结果界面

除此之外，还有一款可以提高注意力的游戏，也可以锻炼大脑的视觉功能区。如下图所示，点击第一项"注意力"。

“注意力”训练进入界面

进行“匹配成双”练习，如下图所示。

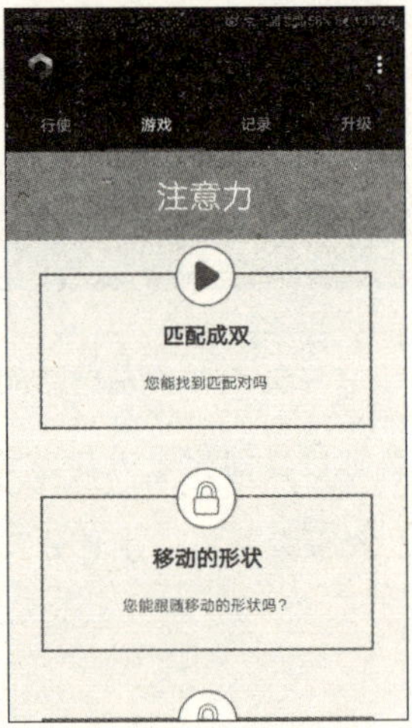

“注意力”训练界面

这款游戏的玩法也很容易，考验的是玩家的眼力，如下图所示。快速找出相同的两个图标。

“匹配成双”游戏界面（1）

每过一关难度相应增加，图标也会越来越多，如下图所示。选错或时间用完，此轮比赛就结束了。

“匹配成双”游戏界面（2）

当图标越来越多时，反应速度就会增加，如果没能在规定时间内找到相同的图标，游戏就结束了，如下图所示。因此，这款游戏不仅考验眼力，还考验反应速度。

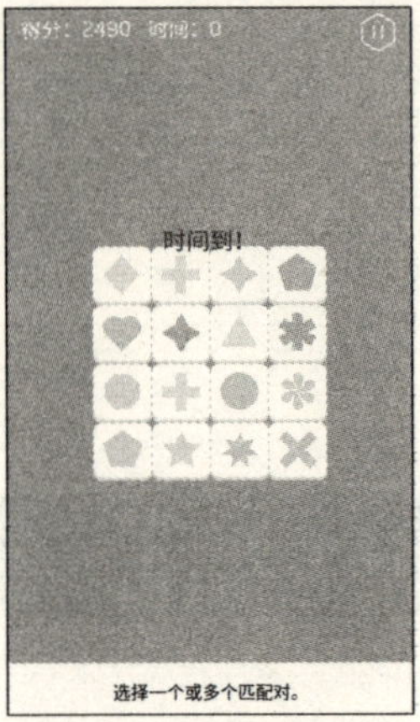

“匹配成双”游戏结束界面

游戏完成之后，也会给出统计数据，如下图所示。

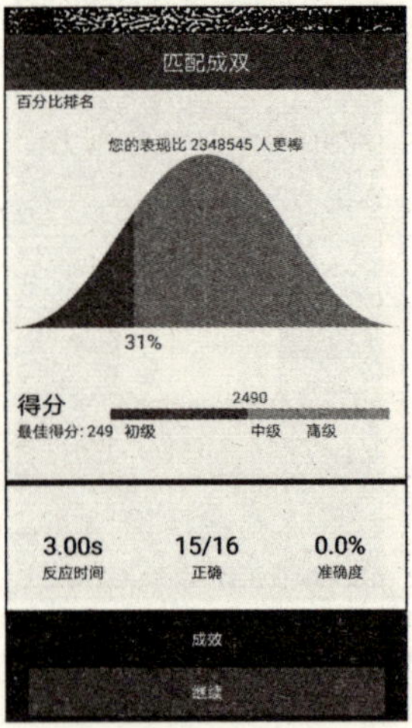

“匹配成双”统计数据界面

完成所有测试项目之后，还会生成一个全面的脑力健康指数，让玩家意识到自己的优势与不足之处，如下图所示。

脑力健康指数界面

第十一章

CHAPTER 11

保持大脑最佳状态的超脑思维游戏

数学思维游戏

1. 上海到南京有多远

汤姆来到上海旅行，游玩之后准备开车前往南京继续旅行，原计划上午11:00抵达南京。由于出发后开车速度比预计提高了1/7，结果提前30分钟抵达了南京。

汤姆只在南京玩了一天，第二天返回上海，准备乘飞机回美国。汤姆从南京出发，出发时间跟前一天一样，按原来的速度行驶了120千米之后，又将开车速度提高了1/6，抵达上海的时间是上午10:40。

请问：根据上述内容，能否计算出上海和南京两座城市之间的距离？

2. 幻方

幻方是一种将数字安排在正方形格子中，使每行、列和对角线上的数字之和都相等的玩法。这是中国的一种传统游戏，是将从1到若干个数的自然数排成纵横各为若干个数的正方形，使在同一行、同一列和同一对角线上的几个数的和相等。

如下图所示，在3×3的方格表中将2、4、6、8、10、12、14、16、18分别填入幻方，使每行、每列和对角线上的数之和相等。

幻方表格

3. 文具的价格

1支铅笔、2块橡皮、3把卷笔刀，共计6.5元；2支铅笔、3块橡皮、4把卷笔刀，共计10元；3支铅笔、4块橡皮、6把卷笔刀，共计14.5元。

请问：1支铅笔、1块橡皮、1把卷笔刀各卖多少钱？

4. 有趣的日历

周日的下午，几个小伙伴一起翻看日历，他们发现有的月只有4周，有的月则横跨5周。例如，2018年的1月有5个星期三，4个星期四，那么你知道1月12号是星期几吗？

5. 蜗牛爬井

一只井底的蜗牛引起了同学们的围观，数学老师看到这一幕，引导孩子们说："这只蜗牛每天清晨开始爬，爬到傍晚可以爬4米，到了晚上又会下滑3米，第二天它接着爬。这个井一共有9米，你们知道这只蜗牛几天可以爬出这口井吗？"

6. 顾客的人数

强强的妈妈在一家超市工作，负责记录每天的客流量，其中有一张表记录了从早上营业开始8分钟内顾客的进出情况，如下表所示。

顾客人数统计表

时间/分	1	2	3	4	5	6	7	8
人数	+6	−3	+2	−1	+5	−4	+3	−2

说明：正数表示进入的顾客，负数表示出去的顾客。

请问：8分钟内光顾这家超市的顾客有多少位呢？

视觉思维游戏

1. 火柴棒

下图是由20根火柴排成的9个正方形，要求移动3根火柴棒并放在适当的位置，使图中只有5个正方形。

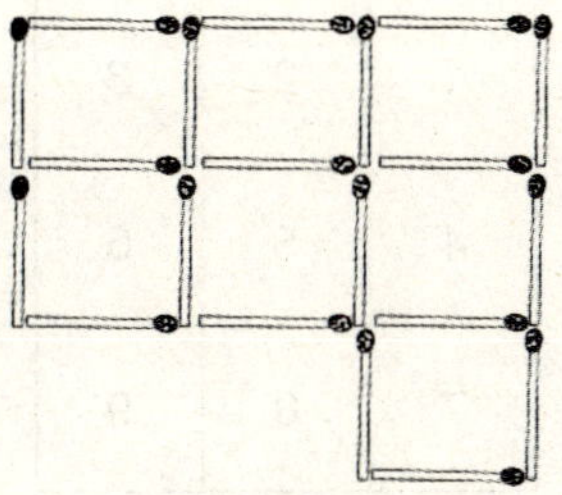

火柴正方形

2. 如何包装

Cindy小朋友的生日快到了，同学们为她准备了一份生日礼物，不过忘记包装了，于是几个小伙伴自己买了包装纸，如左下图所示。请问：可以包装成右下图中哪一个的样子呢？

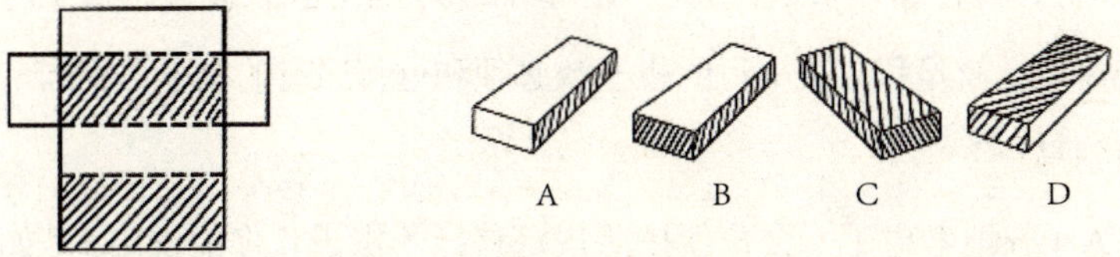

左图　　右图

包装礼物

3. 涂色游戏

分别用红、黄、蓝3种颜色为下图中标着数字的9个小正方形涂色，使任意相邻（有共同边）的小正方形所涂颜色都不相同，但标号为1、5、9的小正方形涂色相同。符合条件的涂法共有几种？

1	2	3
4	5	6
7	8	9

涂色方格

4. 巧移棋子

A与B都是围棋迷，经常在一起下围棋。一天，两人下完一盘围棋后，B拣出24枚棋子，摆成了如下图所示的3行（第一行有11枚棋子，第二行有7枚棋子，第三行有6枚棋子）。然后B对A说："我把24枚棋子摆成了3行，现在请你来搬移3次，让每行的棋子都是8枚。搬移棋子时有一个规定，就是移入某一行的棋子数必须和这行原有的棋子数相同。你能做到吗？"

A仔细地考虑了一会，便按照规定移好了棋子。你能说出A是如何移动的吗？

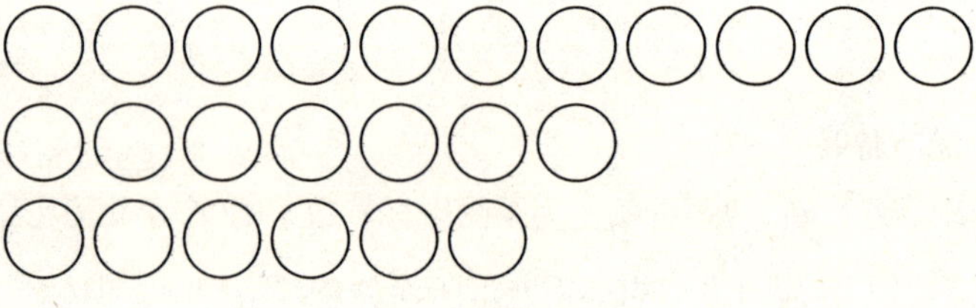

巧移棋子

5. 一共有多少个三角形

请问下面图中一共有多少个三角形?

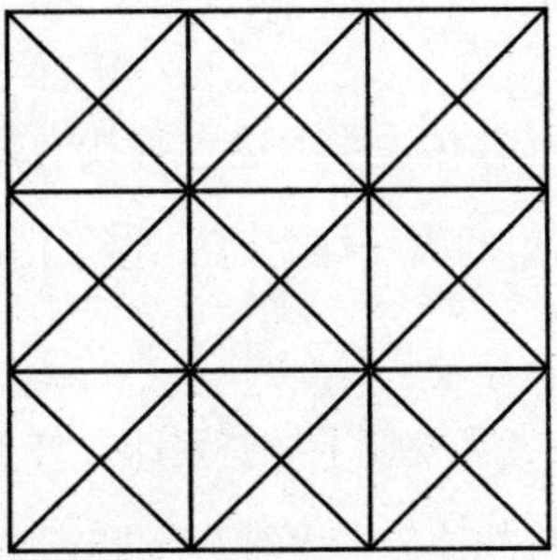

有多少个三角形

6. 你能数出有多少块积木吗

请观察下图积木堆的堆放方法，然后数出有多少块积木。

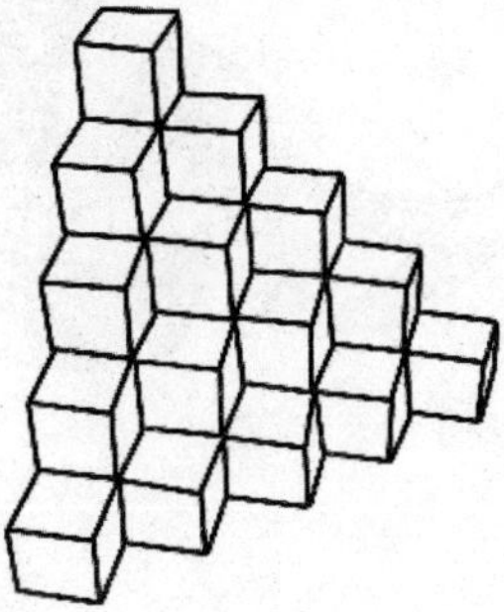

积木堆

逻辑思维游戏

1. 沙漠历险

有9名探险者一同前往传说中的迷宫寻找宝藏。迷宫位于浩瀚的沙漠之中，像很多前往这里的人一样，他们迷路了。一行人所带的饮用水只剩下5天的用量。

第二天，这群探险者又发现了一些足印，知道其他探险者也在迷宫中，于是就跟着印记去寻找他们。找到之后发现那些人已经没有水喝了，于是将自己的水给了他们。如果两批人合用这些水，就只够喝3天。

根据以上信息，你能计算出第二批探险者共有几人吗？

沙漠历险

2. 太阳的远近

《列子·汤问》中讲述过这样一则故事：一天，孔子去齐国游历，路边有两个孩子在争论太阳的远近。

甲说："太阳刚出山时天气凉爽，到了中午天气却很炎热，因此，太阳在中午时距离我们近。"

乙说："太阳出山时像车轮一样大，中午小得像碟子，因此，太阳在出山时离我们近。"

孔子听了，不知道谁说得对。你知道甲和乙谁说的有道理吗？

太阳的远近

3. 巧取卡片

桌面上放着一张光滑的卡片，卡片上压着一只盛有半杯水的玻璃杯。如果不允许用其他工具触碰玻璃杯，有没有办法将卡片取出来，并且使玻璃杯仍旧位于原处，水也不会被泼洒出来？

巧取卡片

4. 什么颜色的衬衣

3位帅气的小伙，一位姓白，一位姓黄，还有一位姓蓝。这天，他们在商店排队。3个人穿的都是衬衣，一件是黄色，一件是蓝色，还有一件是白色。

穿白衬衣的小伙先开口说道："我们3个穿的衬衣颜色正好与我们的姓相同。不过，每个人的姓与自己穿的衬衣颜色都对不上。"

穿黄衬衣的小伙看了一下说："正是如此。"

请问：你知道他们3个各穿了什么颜色的衬衣吗？

什么颜色的衬衣

5. 越狱奇闻

有一名重案犯越狱了，他身穿粗线条的斑马线囚服，非常显眼，逃出来后只好躲躲藏藏。

囚犯沿着小路奔逃，但此时警察已经在各个路口布置好了警戒线。囚犯进退两难，于是他想寻找藏身之处。他发现不远处有一幢大房子，从房子的窗口透出耀眼的灯光，像是正在举行聚会。

越狱奇闻

囚犯认为可以趁乱混进去，偷一件衣服穿，于是他潜入房中。不料聚会的人们正在跳舞，并且发现了他。奇怪的是，人们不但没有把他当成罪犯，反而用热烈的掌声对他表示欢迎。

开动你的脑筋，想一想这到底是为什么呢？

6. 子弹在哪儿

米沙是一名训练有素的女杀手，在很多国家犯过案，因此多年来一直受到国际刑警组织的追捕。然而她一直没有被逮捕，因为警方从来没有找到有力的证据。这是因为米沙每次行动都非常小心，从不将武器带在身上，而是由别人携带，自己只随身携带一颗子弹。

子弹在哪儿

某日，L国的警察机构内一阵骚动，因为有消息表明，这位“杀人女魔”将要来该国执行任务。米沙小姐乘坐的班机还没到达机场，荷枪实弹的安保人员就已经将机场围住。飞机一到，只见米沙小姐风度翩翩地走下飞机，随身只带了一个装有日用必需品的小提包。安保人员将米沙小姐带到一间办公室，对其进行了严格的搜查，结果除了日用必需品以外，没有发现任何其他可疑的东西。

根据国际刑警组织提供的信息，按照米沙小姐的习惯，她会随身携带一颗子弹，可子弹到底藏在哪里了呢？这时，一位安保人员恍然大悟，指出了米沙小姐随身携带的那颗子弹的所在之处。

你知道米沙小姐把子弹放在何处了吗？

参考答案

第三章参考答案

填字游戏参考答案

		3 炙		5 流 一	川	枫		11 张 二	也
1 慈 三	母	手	中	线				娜	
菇		可		型		8 凯 四	迪	拉	13 克
	白 五	热	4 化			蒂			格
			功 六	夫	7 熊	猫		王 七	勃
	2 深		大		天		10 域		
春 八	秋	笔	法		平 九	9 假	名		14 喝
	的			6 法		面		12 剪 十	彩
巴 十一	黎	圣	母	院		天		刀	
	明				鬼 十二	使	神	差	

填字游戏

思维转换游戏参考答案

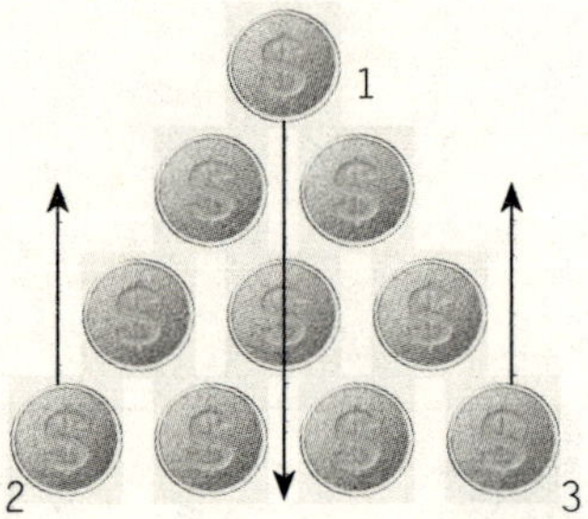

思维转换游戏

说明：1下移，2、3上移。

第十一章参考答案

数学思维游戏参考答案

1. 上海到南京有多远

由题意可知，若假定原来的车速和提速1/7之后的车速比为7:8，那么所用的时间比为8:7，时间差是1，刚好是30分钟，所以原计划的时间就是240分钟；第二天返回时，由于提速了1/6，因此时间缩短了20分钟，返回提速后这段路程内所用的时间比为7:6。时间差也是120分钟，即返回提速之后用时120分钟。原计划的时间是140分钟，那么行驶120千米的时间是240−140=100（分钟），即120÷100×240=288（千米）。

2. 幻方

题目中已经提到了，每行、每列和对角线上的数的和都相等。本题中的数是2、4、6、8、10、12、14、16、18，所以先要确定这个相等的和是多少。因为每个数会被计算3次，所以和应该是所有数的和的1/3，即本题中2+4+6+8+10+12+14+16+18=90，和是30。

14	2	16
12	10	8
4	18	6

幻方答案

【思维方法】该题目的解题思路很明确，首先根据已知的数确定相等的和是多少，和是所有数之和的1/3；其次确定中间位置的数，中间位置的数是已知数当中排在中间位置的一个数；最后剩余的数再根据相等的和依次填入就可以了。

3. 文具的价格

根据题目中的已知条件制作下面两个表。

A表

铅笔	橡皮	卷笔刀	总价（元）	序号
1	2	3	6.5	①
2	3	4	10	②
3	4	6	14.5	③

B表

铅笔	橡皮	卷笔刀	总价（元）	序号
6	12	18	39	④
8	12	16	40	⑤
9	12	18	43.5	⑥

文具的价格答案

【思维方法】由于题中已知条件不能直接比较，因此需要创造条件比较。因为橡皮的块数2、3、4的最小公倍数是12，所以①×6，②×4，③×3，得表B。此时题中的条件便可以比较了。⑥-④得3支铅笔的价钱（4.5元），即1支铅笔的价钱是1.5元（4.5÷3）。⑥-⑤得1支铅笔的价钱+2把卷笔刀的价钱（3.5元），即1把卷笔刀的价钱是（3.5−1.5）÷2=1（元）。根据①可求出1块橡皮的价钱数，即（6.5−1.5−2×1）÷3=1（元）。

4. 有趣的日历

根据题意可知，2018年1月一共有5个星期三、4个星期四，那么1月的最后一天就是星期三，即1月31号是星期三，再倒推回去就可以推算出1月12号是星期五。

【思维方法】这类题目可以在月历上倒推时间，最好是采用图表的形式，可以一目了然，如下表所示。

有趣的日历

星期一	星期二	星期三	星期四	星期五	星期六	星期日
		√	√			
		√	√			
		√	√			
		√	√			
		√				

根据5天和4天的条件就可以知道这个月的最后一天就是5天的星期几。最后一天确定了之后，再结合这个月具体的天数，就可以倒推出几号是星期几了。

5. 蜗牛爬井

这是一道很经典的数学思维题。每天爬4米，下滑3米，相当于每天只爬了1米，但是在最后一天的时候爬到井口就不再下滑了，即1+1+1+1+1+4=9（米）。因此，本题需要的天数是6天。

【思维方法】这是一种经典题型，解题的关键在最后一天。一定要想到蜗牛在到达井口的时候就不再下滑了，因此可以先留出最后一次爬行的长度，用井的深度减去这个数，再根据爬上去和下落的差值算出前面使用的天数，就可以算出总的天数了。

6. 顾客的人数

这道题其实很容易，然而很多人都会被题目所迷惑。顾客总人数实际就是进入的人数的总和：6+2+5+3=16（人）。

【思维方法】这道题考验的不仅是算数能力，更是对题目的理解力。仔细读题，会发现完全没必要考虑负数表示的那些出去的顾客，只计算“+”号代表的数即可。

视觉思维游戏参考答案

1. 火柴棒

把第二排的3根火柴棒移动到左下角补齐即可，如下图所示。

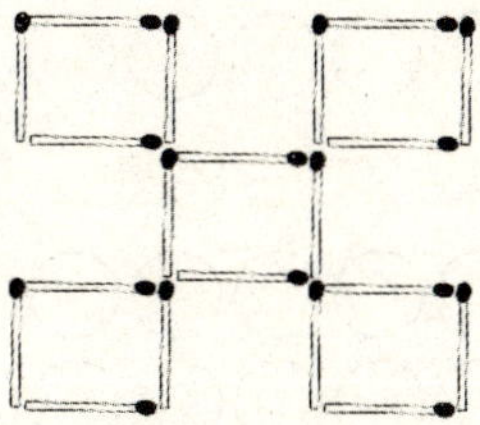

火柴棒答案

2. 如何包装

答案：D。

3. 涂色游戏

这里用到的就是分类加法计数原理了。我们看图可以知道，区域共分为3个部分，第一部分1、5、9，有3种涂法。第二部分4、7、8，当

5、7同色时，4、8各有2种涂法，共4种涂法；当5、7异色时，7有2种涂法，4、8均只有1种涂法，故第二部分共4+2＝6种涂法。第三部分与第二部分一样，共有6种涂法。由分步计数原理可得，共有3×6×6=108种涂法。

4. 巧移棋子

如下图所示。

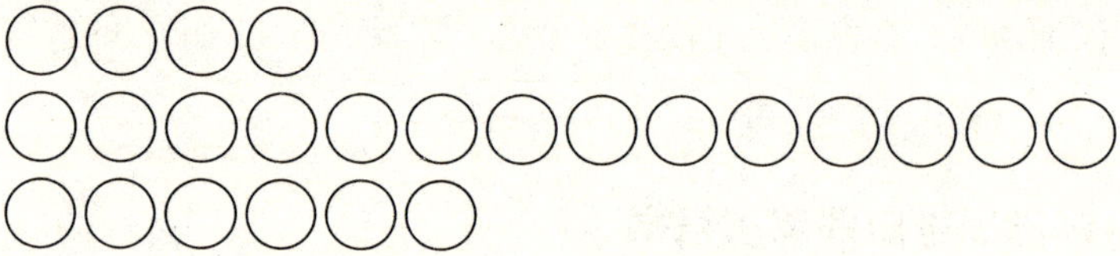

第一次移动

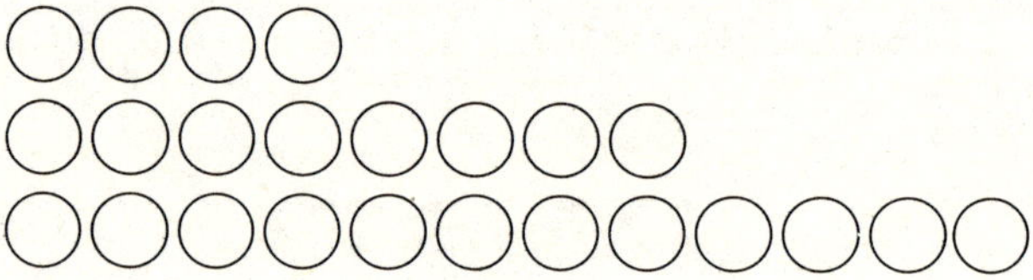

第二次移动

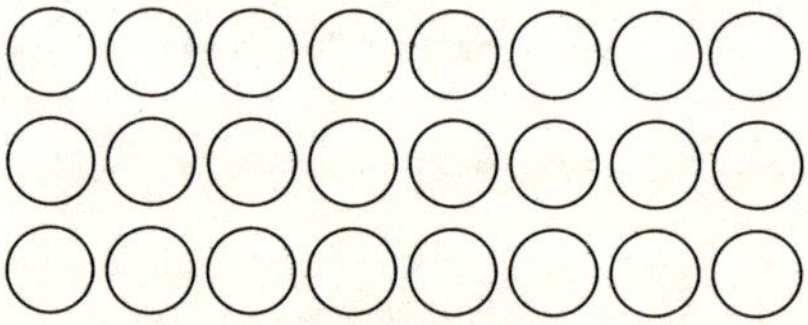

第三次移动

5. 一共有多少个三角形

由1个三角形组成的三角形有36个，由2个三角形组成的三角形有36个，由4个三角形组成的三角形有24个，由8个三角形组成的三角形有16个，由9个三角形组成的三角形有8个，由18个三角形组成的三角形有4

个，三角形一共有36+36+24+16+8+4=124（个）。

【思维方法】图形计数类型的题目要遵循一个基本原则：先数单个图形，再数组合图形。例如，数三角形的数量，可以先数包含1个三角形的，再数包含2个三角形的，以此类推。

6. 你能数出有多少块积木吗

图中左边的积木块可以按照从上往下的顺序一层一层地来数，注意不要遗漏遮挡部分的积木块。因此，积木块总数为1+3+6+10+15=35（块）。

【思维方法】该题的关键点是要按照一定的顺序来数，既可以按照从左往右的顺序，也可以按照从上往下的顺序。要结合具体的摆放方法，选择更容易计数的顺序，尤其注意不要漏掉遮挡的部分。

逻辑思维游戏参考答案

1. 沙漠历险

9名探险者在第二天找到了其他人，此时他们已经喝完了1天的水，所以剩下的水只够9个人喝4天。与第二批人合用剩下的水，只够喝3天的，因此分析出第二批人在3天中喝的水等于9个人一天喝的水，那么第二批人肯定是3个人。

2. 太阳的远近

甲和乙说的都是太阳在不同时间产生的物理现象，实际上在一天之中太阳离我们的距离是一样远的。因此他们两人说的话都不对。因为早晨地面上有许多树木、房屋等参照物，而中午的天空没有参照大小的东西，所以早上的太阳在视觉上显得大些；因为早上太阳的照射方式是斜射，照射的面积大，所以我们不觉得很热，中午太阳的照射方式是直射，同样的光线因为照射面积变小而集中在一起，所以会让人感到炎热。

3. 巧取卡片

可以用一只手挑起卡片执住一角，另一只手用力重击桌面，趁杯子上升的一刹那，就可以轻易地把卡片抽出来了。这样做需要掌握好力度，因为杯中水可能会飞溅出来。

还有一种方法，不用拍击桌面，把杯子移到桌边，用手快速抽动卡片，这样杯子也不会移动。

4. 什么颜色的衬衣

姓黄的小伙穿蓝色的衬衣，姓蓝的小伙穿白色的衬衣，姓白的小伙穿黄色的衬衣。因为题中已经暗示，穿白衬衣的小伙和姓黄的小伙不是一个人，所以姓黄的小伙只能穿蓝色的衬衣，那么姓蓝的小伙必穿白色的衬衣，而姓白的小伙必穿黄色的衬衣。

5. 越狱奇闻

这更像是一道脑筋急转弯的题目，如果阅历较广，一定会很快想到答案。

根据题意，房子里正在举行聚会，囚犯进去的时候大家正在跳舞，有没有想到什么？没错，这是一场盛大的化装舞会，身穿囚服的越狱犯之所以得到掌声，是因为大家认为他的着装很出彩。

6. 子弹在哪儿

米沙小姐将口红的套子改装了一下，将其套在子弹外面。这样一来，套上口红套子的子弹看上去就和口红一样了。

附录A 让大脑高效运转的好习惯

1. 不断接收新的刺激

要想让大脑保持高效运转，就需要不断学习，接收新鲜事物，以此刺激大脑神经细胞之间起连接作用的突触。

人的习惯养成之后，无须思考也可以完成任务，这就需要我们接收新的刺激，激活大脑神经，重启思考状态。

以本书为例，前面介绍过的锻炼大脑的方法，一旦掌握了就需要再去学习新的方法，从而保证大脑高效运转的状态。

2. 运动

科研人员发现，与久坐不动的人相比，经常运动的人在注意力、长期记忆、推理能力及解决问题的能力方面，均表现得更出色。下面介绍两种方法对付自己在运动上的懒惰。

（1）选择自己感兴趣的运动。例如，如果喜欢踢球，即使每天都踢，甚至比职业球员都辛苦，也不会觉得累，而是非常享受。对于没兴趣的运动，想坚持下来确实不容易。

（2）每周坚持2~3次短时间运动。研究人员发现，要保持大脑高效运转，其实没必要每天都进行长时间运动，每周只需要进行2~3次，每次30分钟的有氧运动，即可对大脑产生益处。

3. 高质量睡眠

越来越多的证据表明，睡眠不仅使人的身体得到放松，还会让大脑变得更聪明。

试想一下，当人们疲惫的时候，尤其是午饭之后，人的大脑是不是变得不灵活了？因为当人们疲惫时，大脑的神经突触达到饱和状态，不再编码任何新的信息，而睡眠可以起到弱化突触的作用。由此可见，一夜高质量的睡眠是多么重要。同时，白天的小憩也很有效。德国萨尔布吕肯大学的一项研究表明，45分钟的小睡将会提高被试者的学习效率和记忆能力，而且这种提升可以维持6个多小时。①

4. 合理的作息时间

保持良好的生活习惯也是保证大脑高效运转的关键因素，尤其是不要熬夜。根据大脑的特点，一旦疲惫，大脑就无法正常工作。美国有一位医生用脑波针对“早起型”与“熬夜型”的人做过实验，结果显示“早起型”的人计算速度明显更快。

如果想早起，一定要早睡，也就是说，一切都要以人的生物钟为基础，最好的状态就是自然醒。例如，冬天的时候保证8个小时的睡眠，夏天的时候保证7个小时的睡眠。如果零点睡觉，早上七八点钟的时候自己就醒了。养成习惯之后，每天上午都会精力充沛。中午的时候，再小睡20分钟，就能保证下午的工作效率。

5. 最佳动机水平

耶克斯—多德森定律是指动机强度与效率水平之间呈倒U形关系，如下图所示。我们可以从中找到最佳动机水平的节点。

① 徐爱芳.研究称午睡45分钟记忆增5倍[N].生命时报，2015-04-01.

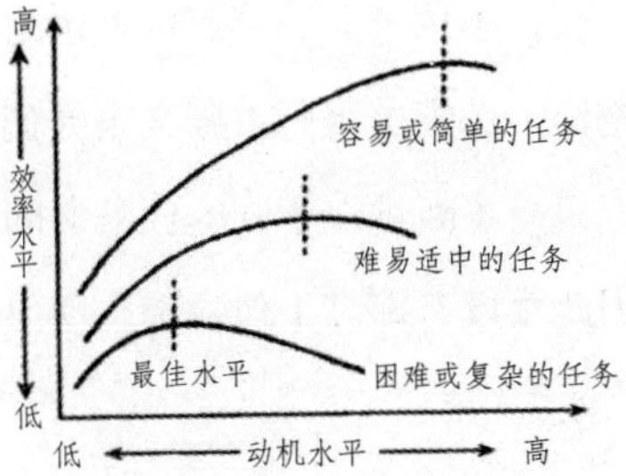

耶克斯—多德森定律

研究证明，压力过大会导致大脑受损，而缺少压力的刺激，又会使大脑运转速度变慢，导致效率低下。因此，美国心理学家耶克斯和多德森认为，中等程度的动机水平最有利于学习效率与工作效率的提高。也就是说，想要让大脑保持高效运转的状态，就要找到压力与学习、工作的最佳结合点。每个人的心理承受能力不同，只有通过反复实践才能发现适合自己的临界点。

6. 离“线”思考

“线”是指一切干扰，即避免互联网、各种信息、琐事的干扰。每天都有大量的信息涌入人的大脑，如果选择全部接收，无论人的大脑自带的是几核处理器，都无法应对。

在学习或工作的时候，远离干扰而专注于任务，这样才能让大脑保持最高效的运转状态。

7. 一次做好一件事

曾几何时，多任务处理能力被认为是高效能人士的必备能力，然而来自脑科学的研究发现，人们的“思考脑”一次只能处理一项任务或一个想法，除非其中的一项任务已经达到了自动化加工的过程。也就是说，只有那些养成习惯，不用过大脑就可以做的事，才适合多任务处理模式。例如，一边吃饭一边看电视。否则，当人们认为自己在同时处理多项任务时，实际上只是不断地在不同的任务之间切换。由于这些任务之间会互相干扰，因此并没有提高工作效率，反而会耗费更长时间，这样做是不利于大脑高效运转的。

8. 思考 + 行动

要想保持大脑高效运转，积极思考是必不可少的，同时还需要让想法“落地”。也就是说，在想出一个点子之后，一定要付诸实践。行动是强化思考的过程，如果说思考是+1分，那么行动就是*N*+1分，因为通过行动，还会激发出更多的可能性。

附录B　大脑24小时节奏表

美国《预防》杂志的一篇报告《人类大脑每日24小时工作节奏表》中写道，人类的大脑也有自己的工作节奏，利用好这一节奏会让人的身体更健康，工作效率更高。节奏表的内容大致如下。

（1）7~9点：表达爱意。

美国洛克菲勒大学的神经系统学家伊勒博士认为，早上7~9点的大脑已经完全苏醒，需要得到他人的关爱。此时可以选择与爱人说一些甜言蜜语，也可以给家人一个拥抱，或者给亲朋好友打电话表示一下关怀与慰问。

（2）9~11点：创造力时间。

美国密歇根大学研究发现，大部分学生和成人在上午的大脑反应速度较快，老年人的大脑灵敏度则会有所下降。此时人体的压力激素水平适中，大脑注意力提升，适合处理一些复杂的工作。

对学生来说，这段时间适合学习复杂的科目，这也是数学课一般安排在这个时间段的原因；对上班族来说，建议从事一些需要分析、集中注意力或需要创造性的工作。

（3）11~14点：处理简单任务。

在此期间，建议小睡一会儿恢复精力。午饭之后会产生困意，即使小睡之后也不会快速清醒，因此，这段时间可以用来处理一些简单的工作，如回复电子邮件等。

（4）14~15点：放松时间。

为了消化食物，身体已经将大部分血液从大脑转移到胃部。该时间段适合从繁重的工作中抽身出来，短暂休息片刻。可以做一些诸如冥想、阅读、散步类的活动。

（5）15~18点：合作时间。

研究发现，午睡之后人的精力得到恢复，此时的性格会变得比较随和、善于沟通。因此，该时间段适合沟通，如与客户谈合作、开会等事宜。

（6）18~20点：娱乐时间。

此时褪黑激素的分泌量最少，身体不会感到劳累，最适合做一些自己喜欢的事，如做饭、逛街、遛狗等。

（7）20~22点：休整放松。

褪黑激素此时分泌迅速，而保持大脑清醒的血清素却在不断减少。这个时间段不适合进行思考活动，很多人习惯晚上工作，尤其是创造性的工作，如写文案，实际上该时间段的效率是比较低的。这时需要休整，让身心尽快平静下来，为入睡做准备。建议读书、看电影或欣赏音乐。

（8）22点以后：睡眠时间。

此时的大脑需要通过休息整理白天获取的信息，然后更好地进入梦乡。